AF567512

S
V
H

Udo W. Kliebisch / Frank Ludden

Kern-Kompetenzen entwickeln

Ein Lern- und Übungsbuch für Lehrkräfte

Schneider Verlag Hohengehren GmbH

Umschlagfoto: © Gerd Altmann auf https://pixabay.com/de/

Wir danken Gerd Altmann für das freundliche Überlassen der verwendeten Bilder. geralt/GerdAltmann/pixabay.com

Gedruckt auf umweltfreundlichem Papier (chlor- und säurefrei hergestellt).

Bibliografische Information der Deutschen Nationalbibliothek

Die Deutsche Nationalbibliothek verzeichnet diese Publikation in der Deutschen Nationalbibliografie; detaillierte bibliografische Daten sind im Internet über http://dnb.dnb.de abrufbar.

ISBN 978-3-8340-2122-9

Schneider Verlag Hohengehren, 73666 Baltmannsweiler

Homepage: www.paedagogik.de

Inhaltsverzeichnis

Vorwort von Dr. Heinz Klippert

Was zeichnet eine gute Lehrperson aus? Welche Kompetenzen sind nötig, um den Schul- und Unterrichtsalltag wirksam und gesundheitserhaltend zu meistern? Diesen und anderen Fragen wird spätestens seit Erscheinen der ersten PISA-Studien verstärkte Aufmerksamkeit zuteil. Alarmierende Lern-, Motivations- und Integrationsprobleme auf Schülersowie dramatisch wachsende Überlastungstendenzen auf Lehrerseite unterstreichen die Notwendigkeit einer kritischen Sondierung und Neuakzentuierung der Lehrerbildung. Offenbar genügt es nämlich nicht, die angehenden Lehrkräfte allein fachwissenschaftlich, didaktisch, schulrechtlich und allgemeinpädagogisch zu qualifizieren. Das ist zwar eine notwendige, aber keinesfalls eine hinreichende Voraussetzung für eine erfolgreiche Lehrertätigkeit.

Kompetente Lehrkräfte brauchen mehr! Sie benötigen nicht nur instrumentell-strategisches Professionswissen, sondern auch eine möglichst überzeugende und Mut machende Lehrerpersönlichkeit. Will sagen: Sie müssen in der Lage sein, in Schule und Unterricht möglichst souverän zu agieren und die Schüler/innen im besten Sinne des Wortes zu beeindrucken und in Bewegung zu setzen. Das verlangt einerseits natürlich fundiertes Fachwissen und didaktisch-methodisches Können, andererseits aber auch und nicht zuletzt persönliche Reflektiertheit und Selbstsicherheit, Empathie und Engagement, Kommunikations- und Interaktionsfähigkeit, Flexibilität und Offenheit, Diagnosekompetenz und Beratungsvermögen, Planungskompetenz, Überzeugungskraft und Stressresistenz im weitesten Sinne des Wortes.

Dieser erweiterte Kompetenzbegriff durchzieht das Buch von Udo Kliebisch und Frank Ludden. Beide Autoren machen den verdienstvollen Versuch, dieses erweiterte Kompetenzspektrum der Lehrkräfte ebenso anregend wie praxisbezogen in den Blick zu bringen und zu operationalisieren. Dazu bieten sie knapp gefasste Grundinformationen und vertiefende Übungen, konkrete Praxistipps und gezielte Verfahrenshinweise. Getreu dem Motto „Kompetenz kommt von Können und nicht von Wissen" stellen sie ganz bewusst und dezidiert darauf ab, der Selbstentwicklung der Lehrkräfte Schub und Richtung zu geben. Entsprechende Reflexionsanlässe und Gesprächsgelegenheiten, Selbsttests und Auswertungsbögen, Denkanstöße und Problemanzeigen unterstützen diese Selbstklärung.

Das alles zielt auf Selbstvergewisserung und pädagogische Bewusstseinsbildung, auf Stressprophylaxe und professionelle Handlungs- und Entscheidungsroutinen für den Lehreralltag. Dabei gilt ganz grundsätzlich: Das Buch ist theoriegeleitet, aber nicht theorieüberladen. Es ist knapp und adressatenorientiert formuliert, macht Mut und bietet unter dem Strich vielfältige Anlässe, um den spezifischen Belangen, Erfordernissen und Chancen erfolgreicher Lehrerarbeit auf den Grund zu gehen. In diesem Sinne ist das Buch ganz sicher eine Hilfe für alle Lehramtsanwärter/innen, die ihre potenziellen lehrertypischen Kernkompetenzen entwickeln und sich für einen gedeihlichen Schulalltag rüsten möchten.

Wichtig dabei ist, dass die vorgesehene Selbstentwicklung nicht auf der Ebene der individuellen Reflexion und Diskussion stehenbleibt, sondern immer wieder auch exemplarisches Probehandeln und Erfahrungslernen der Lehramtsanwärter/innen vorsieht. Dazu zählen einschlägige Workshops und methodenzentrierte Übungen, Problemlösungsgespräche und anregende Fallstudien, konkrete Unterrichtsversuche und gezielte Hospitationen, Rollenspiele, Teamberatungen und sonstige Formen des praxisorientierten Erfahrungslernens in inspirierenden Lerngemeinschaften. Die damit verbundenen Kommunikations-, Produktions-, Planungs-, Erprobungs-, Reflexions- und Diskussionsaktivitäten bieten Gewähr dafür, dass der Aufbau nachhaltigen pädagogischen *Wissens, Könnens und Wollens* gelingt

Nur wenn die entsprechenden handlungs- und erfahrungsbetonten Gärungs- und Klärungsprozesse ausreichend gesichert werden, können sich die besagten „Kernkompetenzen" auf Lehrerseite entfalten. Mit seiner praxis- und handlungsorientierten Herangehensweise eröffnet das Buch gute Chancen, dass die angehenden Lehrkräfte die nötige berufsspezifische Abgeklärtheit, Überzeugungskraft, Empathie und Stressresistenz aufbauen.

Landau im Winter 2020 / 2021

Dr. Heinz Klippert

1. Kern-Kompetenzen – Was wir darunter verstehen

„Werde, der du bist.“

(Friedrich Nietzsche, deutscher Philosoph)

Kern-Kompetenzen sind Schlüsselfähigkeiten. In der Wirtschaft garantieren Kern-Kompetenzen einem Unternehmen eine Marktstellung, die andere Unternehmen kaum kopieren und erreichen können. Kern-Kompetenzen sind in diesem Sinne auch Alleinstellungsmerkmale, die einen beachtlichen Wiedererkennungswert sichern. Markenprodukte sind oft deshalb Markenprodukte, weil sich in der Marke genau die Kern-Kompetenzen bündeln, die die Marke halt zur Marke werden lassen.

„Kern-Kompetenzen entwickeln“ heißt dieses Buch, und wir sprechen mit diesem Appell keine Manager in Wirtschaftsunternehmen an, sondern Lehrkräfte. Was ist die Idee? Wir sind überzeugt: Auch Lehrkräfte können zur eigenen Marke werden. Wir meinen damit nicht die verschrobenen Typen, die man in jedem Kollegium kennt. Wir meinen damit die Lehrkräfte, die durch einen Prozess der Weiter- und Selbstentwicklung ihre Ressourcen freilegen, bündeln und effektiv für ihre pädagogische Arbeit nutzen.

Kompetenz kommt von Können, nicht von Wissen. Kern-Kompetenzen sind also Fähigkeiten. Wir meinen damit Meta-Fähigkeiten, Fähigkeiten, die die Lehrerausbildung entweder gar nicht oder eher am Rande behandelt, Fähigkeiten, die über das hinausgehen, was jeder auflisten könnte, wenn man ihn auffordert: „Nenne doch mal ein paar Fähigkeiten, die Lehrer[1] haben (sollten).“ Natürlich: Auch Kern-Kompetenzen schweben nicht neben den Fähigkeiten, die Lehrer haben, wenn sie unterrichten. Und doch sind Kern-Kompetenzen mehr als das. Kern-Kompetenzen sind die Fähigkeiten, die Lehrer zu dem

[1] Im Interesse der besseren Lesbarkeit nutzen wir das generische Maskulinum, um Mitglieder aller Geschlechter einer Personengruppe zu bezeichnen.

machen, was im Kern Lehrersein bedeutet: Sich als professioneller Kommunikator und Selbst-Organisator auf einen Weg zu sich selbst zu machen und dadurch für Kinder, Jugendliche und Erwachsene wirkmächtig zu werden und zu sein.

Lehrer werden

Viele glauben: Lehrer ist, wer im öffentlichen Auftrag Kinder, Jugendliche oder Erwachsene unterrichtet. Das stimmt auch, wenn man unter Lehrern einfach nur Personen versteht, die ihre Ausbildung erfolgreich abgeschlossen haben und eine Planstelle im öffentlichen Dienst bekleiden. Doch: Formale Abschlüsse müssen mit dem, was eine Lehrkraft braucht, um erfolgreich und wirksam zu sein, nicht unbedingt übereinstimmen. Die Lehrerausbildung konzentriert sich auf didaktische und methodische Fragen des Unterrichtens; nicht zuletzt beruhen Beurteilungen von Lehrerleistungen weitgehend darauf, wie die Lehrkräfte unterrichten. Eine ziemlich einseitige Sicht auf die Lehrertätigkeit!

Außerdem: Mit dem Abschluss der Ausbildung ist man in der Regel kein Lehrer. Vielmehr ist es wie nach der Führerscheinprüfung: Natürlich kann man das Auto fahren, es durch den Verkehr bringen. Aber erst die vielen Erfahrungen, die man danach im Straßenverkehr macht, führen zu den Fähigkeiten und Fertigkeiten, die souveräne Autofahrer ausmachen. Viele Anfänger unterschätzen den Prozess des Lehrerwerdens, ein Prozess des pädagogischen Erwachsenwerdens mit manchen Wendungen und Einsichten, die zur Zeit der Ausbildung und kurz danach noch in weiter Ferne liegen. Allerdings nur für den, der sich auf diesen Prozess und seine Möglichkeiten einlässt.

Lehrer zu werden ist also mehr als unterrichten zu können. Lehrer werden ist ein lebenslanger Prozess der Selbst-Entwicklung. Was heißt das? Selbst-Entwicklung ist wörtlich zu verstehen: Hier wird etwas entwickelt, was zunächst unsichtbar eingewickelt ist. Selbst-Entwicklung ist so gesehen das Entdecken und Sichtbarmachen eigener Ressourcen und Kompetenzen, die sich oft nur langsam durch die Erfahrung bilden, die man mit der Zeit im Lehrer-Schulalltag macht. Für diese Entwicklung des eigenen Selbsts kann es nützlich sein, Anstöße von außen zu bekommen; Supervision oder ein Personal Training können diesen Prozess unterstützen und zielführend gestalten. Die Fähigkeit und das Wollen, sich mit sich selbst auseinanderzusetzen, sind die unabdingbaren Voraussetzungen dafür, dass dieser Weg zu sich selbst nicht in die Irre führt oder abgebrochen wird.

Wege müssen Ziele haben. Um Ziele zu formulieren, muss man wissen, wo man steht. Das Kapitel „Lehrer werden" hilft Ihnen dabei, den eigenen Standort zu finden und sich fokussiert auf den Weg zu sich selbst zu machen. Nehmen Sie den Gedanken ernst, wonach der Weg das Ziel ist. Wichtig ist es nicht, schon morgen im Irgendwo anzukommen um festzustellen, dass das Irgendwo nicht das Ziel ist. Wichtig ist es, auf dem Weg zu sein und sein Ziel zu kennen (vgl. Kliebisch / Meloefski 2013a).

Souverän wirken

Wir haben sehr schnell einen ersten Eindruck von einem Menschen: Hektisch, arrogant, hilfsbereit, liebevoll, streng, aggressiv, naiv. Es braucht nur Bruchteile von Sekunden und einen äußeren Eindruck, dann wissen wir Bescheid, mit wem wir es zu tun haben.

Genauer: Wir glauben es zumindest und suchen dann nach weiteren Indizien, die unsere Annahmen begründen. Wir bilden uns also sehr schnell Vor-Urteile über Menschen. Dies macht durchaus Sinn: Mit den meisten Menschen pflegen wir nur einen oberflächlichen Kontakt; dafür sind holzschnittartige Einschätzungen über die Eigenschaften dieser Menschen völlig ausreichend. Natürlich können diese Einschätzungen falsch sein. Jeder hat schon mal erlebt, wie das „naive Mädel", für das man eine Frau hielt, im längeren Gespräch zu einer emanzipierten Dame mit Charakter wird. Und jeder kennt den hartgesottenen Boss, der sehr einfühlsam und schwach sein kann. Doch: Wir haben einfach nicht die Zeit, uns mit jedem Menschen, dem wir begegnen, so intensiv auseinanderzusetzen, dass wir unsere Vorannahmen auf Herz und Nieren prüfen können.

Auch Schüler bilden sich sehr schnell ihre Meinung über Lehrkräfte; und diese Annahmen kursieren dann oft auch in der Schule: „Herr Tunichtgut ist streng, aber gerecht." „Und Frau Möchtegern ist einfach ein Muttityp." Ist man als Lehrer bei Schülern erst einmal in einer Schublade, ist es schwer, da wieder rauszukommen. Also: Ziel muss es sein, in der richtigen Schublade zu landen. Aber in welcher? Unser Rat: Setzen Sie alles daran, damit Ihnen Schüler das Etikett „souverän" verpassen.

© Gerd Altmann auf https://pixabay.com/de

Souveränität ist nicht angeboren, und souverän ist man auch nicht zwingend dann, wenn man einen akademischen Titel hat oder sich Studienrat nennen darf. Es kommt darauf an, souverän zu wirken. Das reicht in den meisten Fällen. Man beachte den feinen Unterschied: Man muss in einer Situation nicht unbedingt souverän sein, und doch kann man souverän wirken. Der Passant zum Beispiel, der den Taschendieb in die Flucht schlägt, der sich gerade an der Geldbörse einer alten Dame vergreifen wollte, wirkt womöglich souverän, obwohl er eigentlich ganz schön zittrig war, als er den Dieb anschrie. Für Lehrkräfte reicht es allemal, souverän zu wirken. Warum? Eben weil Schüler in der Regel gar keine Chance haben, Lehrkräfte so gut kennen zu lernen, um ihre wirklichen Vorlieben und Fähigkeiten richtig einschätzen zu können.

Die gute Nachricht: Souverän zu sein kann man nur begrenzt lernen, souverän zu wirken kann man dagegen sehr gut üben. In diese Richtung zielt unser zweites Kapitel „Souverän wirken". Wir zeigen Ihnen, was wirkt und wie Sie erreichen können, dass es wirkt. Sie werden erstaunt sein, wie leicht es ist, Menschen den Eindruck zu vermitteln, man selbst dominiere die Lage. Aber Achtung: Damit es wirklich klappt, sollten Sie nicht gerade zu den Lehrkräften gehören, die am liebsten weglaufen würden, wenn sie Schüler sehen. Eine gewisse Substanz und ein gerütteltes Maß an Selbstvertrauen sollten Sie schon haben (vgl. Kliebisch / Ludden 2018).

Gespräche führen

Im besten Fall sind Lehrkräfte professionelle Kommunikatoren. Was heißt das? Lehrkräfte können mit Menschen unterschiedlichen Alters und Geschlechts einfühlsam, sachbezogen und effektiv reden. Sie können Unterrichtsgespräche zielführend und effizient gestalten, und sie nutzen dabei stets die Ressourcen ihrer Schüler.

Lehrer sind aber nicht nur Kommunikatoren, sie sollten professionelle Kommunikatoren sein. Der professionelle Umgang mit kommunikativen Prozessen ist nicht nur künstlerisches Beiwerk, die Professionalität beim Kommunizieren ist für Lehrkräfte vielmehr notwendig, um ihrem Auftrag und damit dem Beruf gerecht zu werden.

Professionelle Lehrkräfte wissen daher: In vielen Gesprächen lauern versteckte Konfliktfallen: Da fühlt sich jemand auf den Schlips getreten und dort hat man schneller, als man denkt, jemandes Interessen verletzt. Sach- und Beziehungsebene zu trennen und zugleich die Beziehungsebene im Gespräch zu fördern, das können professionelle Kommunikatoren (vgl. Schulz von Thun 2019). Professionelle Lehrer erkennen potenzielle Konflikte und steuern ihnen mit einigen Gesprächstechniken geschickt entgegen.

Professionelle Lehrkräfte wissen auch: Kommunikation ist mehr als das, was gesagt wird. Die digitale Ebene von Gesprächen ist im Zweifel sogar die unwichtige. Dann nämlich, wenn sich ein Gesprächspartner unsicher ist, zählt die nonverbale Botschaft mehr als die digitale. Lobt ein Lehrer etwa einen Schüler, während er gleichzeitig die Augenbrauen hochzieht und den Kopf nach links und rechts bewegt, dann bekommt der Schüler eine ambivalente Botschaft: Was gilt nun? Das Lob, das der Lehrer ausspricht, oder der Zweifel, den der Lehrer durch die nonverbalen Zeichen übermittelt? Der Schüler wird sich für die nonverbale Botschaft entscheiden; und das Lob des Lehrers verpufft. Mehr noch: Der Lehrer wird als nicht kongruent wahrgenommen, eine Hypothek, die in folgenden Gesprächskontakten schwer wiegt.

In dem Kapitel „Gespräche führen" können Sie in diesem Buch lernen, Ihr Gesprächsverhalten vom Zuhören, über das Stellen von Fragen bis zum Moderieren einzuschätzen und zu verbessern. Professionell zu kommunizieren ist lernbar; der Lernprozess ist aber durchaus anstrengend. Er fordert auf, das eigene Gesprächsverhalten bewusst wahrzunehmen und Gesprächstechniken bewusst und zielorientiert einzusetzen. Hierzu bedarf es während des Gesprächs einer ständigen Gesprächsanalyse. Sie ist Voraussetzung dafür zu entscheiden, welche Techniken sinnvoll sind, um ein (Unterrichts-)Gespräch für alle erfolgreich zu gestalten und abzuschließen.

Beraten lernen

Die Fähigkeit, Schüler und Eltern zu beraten, wird für Lehrkräfte immer wichtiger. Die Heterogenität in Klassenzimmern macht Beratung in einem Maße nötig, wie wir sie früher nicht brauchten und kannten. Trotz dieser Notwendigkeit ist Beraten nach wie vor ein Stiefkind der Lehrerausbildung. Zwar Bestandteil des Curriculums wird Beraten dennoch kaum gelehrt. Das hängt oft damit zusammen, dass Ausbildungslehrkräfte zwar beraten, aber nicht professionell. Auch sie haben es nicht gelernt.

Viele Beratungsgespräche in der Schule verlaufen daher eher nach gesundem Menschenverstand als theoriegeleitet und professionell strukturiert. Zwar ist gesunder Menschenverstand kein schlechter Berater, aber er versagt kläglich, wenn die Beratungsanlässe komplexer und persönlicher werden. Viele Schüler mit schlechten Lernleistungen werden daher nur mit weiteren Lernaufgaben bedient, wenn der beratende Lehrer einzig den gesunden Menschenverstand einsetzt. Die schlechten Lernleistungen haben aber oft ganz andere Ursachen als die, den Sachverhalt kognitiv nicht verstanden zu haben und so den passenden Output nicht liefern zu können. Schlechte Lernleistungen gründen häufig in problematischem Arbeits- und Lernverhalten, das von Grund auf verhindert, sich dem Lerninhalt überhaupt angemessen zu nähern. Beratung ist in solchen Fällen daher weit mehr als Nachhilfeunterricht auf hohem Niveau. Diese Beratung zielt vielmehr darauf ab, das Arbeits- und Lernverhalten zu analysieren und zu verbessern. Verhaltensveränderungen sind schwierig; das weiß jeder von sich selbst. Man kann sich vieles vornehmen; ob man das auch macht, was man sich vorgenommen hat, steht auf einem anderen Blatt.

© Gerd Altmann auf https://pixabay.com/de

Professionelles Beraten, wie Lehrer es heute brauchen, ist also auch konstruktive Verhaltenskorrektur beim Schüler. Und das nicht durch Erziehung, sondern durch schüler- und ressourcenorientiertes Beraten. Im Kapitel „Beraten lernen“ stellen wir Ihnen zunächst das GROW-Modell vor, mit dem Sie Beratungsgespräche strukturieren können (vgl. Whitmore 2017). Schon damit ist eine wesentliche Voraussetzung für erfolgreiches Beraten gelegt. Ferner vertiefen Sie hier Ihre Fähigkeiten zuzuhören und Fragen zu stellen aus dem Kapitel „Gespräche führen“. Außerdem lernen Sie zwei psychologisch interessante Interventionen kennen, mit denen Sie die Selbstanalyse der Schüler anstoßen und differenziert entwickeln können.

Aufgaben planen

Allenthalben spricht man von Lehrergesundheit. Wie ich mich als Lehrer gesund erhalte, ist – wenn überhaupt – nur am Rande Teil der Lehrerausbildung. Trotzdem: Eine gesunde Einstellung zu seinem Beruf ist eine wichtige Kompetenz, die Lehrer brauchen, um nicht täglich am Limit zu arbeiten und langfristig auszubrennen.

Wie kann ich mich als Lehrer gesund erhalten? Viele Lehrkräfte klagen über ein besonders hohes Maß an Aufgaben, die neben dem Unterricht anfallen: Die Unterrichtsplanung, das Korrigieren von Klassenarbeiten und Klausuren, das Beraten von Schülern und Eltern, das Ausbilden junger Lehrkräfte, Prüfungen, das Dokumentieren von Schülerleistungen, Konferenzen, Dienstbesprechungen, Projekte, Klassenfahrten und Schulfeste. Wer schlecht organisiert ist, kann diesen Berg von Aufgaben kaum verträglich abarbeiten, ohne ständig Gewissensbisse zu haben, nicht alles erledigt zu haben. Meist leidet unter dem dienstlichen Druck das Privatleben so stark, dass viele Lehrer sich von einer Ferienzeit in die nächste retten. Bei all dem reden wir noch nicht einmal über die qualitativen Stressoren wie undisziplinierte Schüler, uneinsichtige Eltern sowie missgünstige und manchmal intrigante Kollegen oder auch Schulleiter, deren soziales Einfühlungsvermögen bisweilen unterentwickelt ist. Bei all der Belastung, die Lehrkräfte haben, fühlt sich der überwiegende Teil in seinem Beruf dennoch wohl (vgl. u. a. Studie „Lehrerarbeit im Wandel“, 2020).

Natürlich: Viele Bedingungen in Schule belasten die Lehrkräfte, zum Teil sehr stark! Aber die Lehrkräfte sind auch Teil des Problems. Auch ihr Arbeitsverhalten ist oft entwicklungsfähig, vor allem die Fähigkeit zur Selbstorganisation und damit zu effektivem Arbeiten ist ausbaufähig. Mit dem Buchkapitel „Aufgaben planen“ wollen wir helfen, diese Fähigkeiten zu entwickeln. Sie bekommen die Gelegenheit, Ihr Arbeitsverhalten zu analysieren; Sie lernen, Zeit- und Arbeitspläne zu entwickeln. Wir zeigen, wie man Prioritäten setzt und Projekte gestaltet. Und Sie erfahren, wie wichtig Pausen für effektives Arbeiten sind.

Sinnvoll entspannen

Zur Lehrergesundheit gehört auch die Fähigkeit, aktiv zu entspannen. Gerade der Lehrerberuf macht es schwer, Berufliches und Privates zu trennen. Während des Unterrichtens sind Lehrkräfte in der Schule. In dieser Zeit ist Privates fern. Lehrer erledigen viele Aufgaben wie etwa das Vorbereiten von Unterricht oder das Korrigieren von Schülerleistungen nicht in der Schule, sondern daheim. In dieser Situation vermischt sich oft Privates und Schulisches: Zwischen zwei Klassenarbeiten, die die Lehrkraft korrigiert, schiebt sich dann schon mal das Wickeln des Kleinkindes oder das Einkaufen des Gemüses für den Eintopf morgen. Dieses Vermischen von privaten und beruflichen Tätigkeiten ist zwar nur ein Faktor, der Anspannung produziert, für viele Lehrer aber ein wichtiger.

© Gerd Altmann auf https://pixabay.com/de

Auch das Unterrichten als Kerngeschäft stellt hohe Anforderungen an die Konzentration und an die sozialen Fähigkeiten jeden Lehrers. Besonders anstrengend ist bei Unterricht der Faktor Unvorhergesehenes: Auch gut vorbereiteter Unterricht läuft eben nicht immer nach Plan: Hier gibt es Getuschel zwischen zwei Schülerinnen, dort boxen sich zwei Jungs unter der Bank. Und manchmal setzt man beim Planen des Unterrichts bei den Schülern Fähigkeiten voraus, die dann im realen Unterricht doch (noch) nicht da sind. Der Lehrer muss improvisieren, seinen Plan während des laufenden Unterrichts neu organisieren. Und bei all dem schaut die Lehrkraft stets in zwanzig bis dreißig Augenpaare. Cool bleiben, heißt es jetzt, und sich souverän verhalten. Das alles kostet mentale Anstrengung. Viele Lehrkräfte merken die Anstrengung nicht unbedingt sofort in der Situation, die belastet, dafür aber oft umso mehr, wenn sie nachmittags heimfahren. Wird man dann daheim sofort mit weiteren Aufgaben konfrontiert, kann man schnell in einen Belastungsstrudel geraten. Und der kann sich langfristig auch körperlich bemerkbar machen: Schlafprobleme sind dann noch ein mildes Symptom für die ständige Anspannung.

Für Lehrer ist Entspannung daher wichtig. Aus Lehrerstudien ist bekannt: Gesunde Lehrer machen den besten Unterricht (vgl. Schaarschmidt 2005). Das sechste Kompetenzkapitel heißt daher „Sinnvoll entspannen". Hier lernen Sie, Ihre Stressoren zu finden und zu benennen. Und wir zeigen Ihnen mit sechs Übungen, wie Sie den Stressoren gezielt begegnen können. Belastungen zeigen sich kognitiv, emotional und physisch. Daher finden Sie in dem Kapitel Übungen, die jeden dieser Bereiche zum Ausgang für effektive Interventionen nimmt.

2. Aufbau der Kapitel

© Gerd Altmann auf https://pixabay.com/de

Dieses Buch ist gerichtet an Lehrkräfte, die Fortbildungen durchführen oder Lehramtsanwärter ausbilden, sowie an alle Kollegen, die sich (weiter) professionalisieren möchten und ihre Kern-Kompetenzen weiterentwickeln wollen. Alle Kapitel zu den Kern-Kompetenzen sind gleich aufgebaut. Was erfahren Sie in den einzelnen Abschnitten?

- **Darum geht's.**

  Hier finden Sie ein paar Hinweise zum theoretischen Kontext, in dem die Kernkompetenz steht. Für die Auswertung und Vertiefung der Übungen können diese Zusammenhänge nützlich sein.

- **Das können Sie tun.**

  Der Abschnitt enthält mehrere Übungen, mit denen Sie die jeweilige Kern-Kompetenz entdecken, trainieren und reflektieren (lassen) können. Jede Übung gliedert sich in vier Teile:

  - **Vorgehen**

    Wie führt man die Übung durch? Alles dazu finden Sie in diesem Abschnitt. In manchem Fällen startet dieser Abschnitt mit spezifischen Informationen, auf die sich die Übung bezieht.

  - **Denkanregungen**

    Wie kann man die Übung auswerten? Meist lohnt es sich, die Grundidee einer Übung zu vertiefen und zu vernetzen. Oft kommen erst so Inhalte in der Lebenswelt der Lehrkräfte an. In diesem Abschnitt geben wir einige Anregungen zur Vertiefung und Vernetzung.

- **Tipps**
  An dieser Stelle machen wir auf Stolpersteine aufmerksam: Worauf sollte man achten, wenn man die Übung durchführt? Wo liegen bei der Übung Gefahren oder besondere Probleme? Unsere Tipps finden Sie bei einigen Übungen explizit aufgeführt, bei anderen Übungen integriert.

3. Die Kernkompetenzen

3.1 Lehrer werden

„Man hilft den Menschen nicht, wenn man für sie tut, was sie selbst tun können."
(Abraham Lincoln, amerikanischer Präsident)

© Gerd Altmann auf https://pixabay.com/de

☑ Darum geht's.

Lehrer schätzen ihren Einfluss auf Schüler oft gering ein. Moderne Medien, das Smartphone und die Clique scheinen für Schüler wichtiger als Lehrer, so glauben viele Lehrkräfte. Aus der täglichen Erfahrung im Unterricht halten Pädagogen Eltern nur bedingt für fähig, ihre Kinder angemessen zu erziehen. Lehrer sind skeptisch, sie bewirken wenig, vermutet oder tatsächlich (siehe Institut Allensbach 2011). Zugleich wachsen die Erwartungen, die besonders auch Eltern an Lehrer stellen: Mathematik, Rechtschreibung und Latein. Alles soll bei den Schülern sitzen, muss bei ihnen sitzen angesichts von Lernstandserhebungen und zentralen Prüfungen. Und nicht zuletzt: Lehrer müssen heute in der Schule eine Menge von dem ausgleichen, was Eltern an Erziehung nicht mehr leisten können oder wollen. Michael Winterhoff (2019) zeichnet die problematische Entwicklung nach, die wir seit etwa zwanzig Jahren beobachten: Immer mehr Kinder und Jugendliche sind in ihrer psychischen Entwicklung retardiert. Ist ihr biologisches Alter achtzehn, verhalten sie sich oft wie Vierzehnjährige. Eine gelungene Sozialisation im Elternhaus ist die beste Voraussetzung für Lernerfolg in der Schule. Im Elternhaus können Motivation und Emotion gedeihen, die so wesentlich sind für das nachhaltige Entwickeln von Kompetenzen. Natürlich: Nicht alle Jugendlichen sind außer Kontrolle. Aber der pädagogische Spagat wird für Lehrer immer schwieriger: Arbeitsverdichtung, Standards, Kompetenzen und

Output auf der einen Seite und auf der anderen zugleich (beinahe nebenbei!) auch noch Werte und sozial verträgliches Verhalten vermitteln! Das alles im Takt von Unterrichtsstunden, Klassenarbeiten und Zeugniskonferenzen und manchmal auch befeuert von politischen Entscheidungen, die sich allzu kurzfristig ändern (können).

„Manchmal geht es im Unterricht eben zu wie bei der Lotterie."
(Hilbert Meyer / Volker Wendt)

Lehrer geben ihr Bestes, viele zumindest! Lehrer handeln – ja: Lehrer handeln! Täglich in unzähligen Situationen; sie treffen Entscheidungen, intervenieren, sie loben und tadeln, vermitteln Inhalte, fördern und beraten, kümmern sich um ihre Schüler, zum Teil weit über den Unterrichtsschluss hinaus. Oft handeln Lehrer spontan, intuitiv und emotional; sie lassen sich hineinziehen in den Strudel des Unwägbaren, der jede Unterrichtsstunde kennzeichnet. Das Unwägbare verstellt oft den Blick für das Wesentliche, überwältigt und beherrscht das Erleben. Untersuchungen zeigen (vgl. Kliebisch / Meloefski 2013; Lehrerarbeit im Wandel 2020): Besonders belastet sind Lehrer vor allem durch das Unvorhersehbare; Unterricht verläuft eben nicht immer nach Plan; Schüler verhalten sich anders, als man es vorhersieht. Erfolg und Versagen liegen für Lehrer angesichts dieser Unsicherheit manchmal nah beieinander. Ihr Einfluss auf das Machbare ist oft gering, zu gering, wie manche Lehrer glauben. Gleichzeitig wächst der Anspruch an das, was ein guter Lehrer sein und was er leisten soll: Schüler, Schulleitungen, Eltern, Bildungstheoretiker, die Gesellschaft insgesamt, alle wissen ziemlich genau, was sie von Lehrern erwarten. Wer mit Blick auf diesen Erwartungsdruck nur ein schwaches Selbstbewusstsein hat, ist als Lehrer schnell verloren, ist gefährdet zu resignieren und auszubrennen. Viel zu viele Lehrer stoßen viel zu oft an die Grenzen, an die Grenzen der Schüler, an die Grenzen der Schule und nicht zuletzt an ihre eigenen Grenzen. Reinhold Miller (2017) beschreibt anschaulich, wie Lehrer überfordert werden und wie sie sich selbst überfordern, was sie ängstigt und was sie kränkt. So wird nicht selten aus Engagement Resignation!

Angesichts dieser Gemengelage: Was sollte man wissen, was in jedem Fall berücksichtigen, wenn man Lehrer werden und bleiben möchte?

These 1: Lehrer sind beansprucht!

Lehrer sind keine Halbtagsjobber! So bringt Uwe Schaarschmidt (2005) das Ergebnis der Potsdamer Lehrerstudie auf den Punkt. Lehrer haben eine komplexe Aufgabe, die vor allem psychisch stark beansprucht. Diese Beanspruchung kann zum Stress werden und damit zur Dauerbelastung, die krank macht (Terhart / Bennewitz / Rothland 2014). Leider spiegelt die Gesellschaft die Bedeutung und die Gefahren des Lehrerseins nur wenig. Lehrer müssen um ihre Gesundheit besorgt sein. Schön wäre es, wenn sie es tatsächlich wären! Vor allem prophylaktisch! Unprofessionelles Verhalten, mangelndes Zeit- und Selbstmanagement und manchmal wenig Rückendeckung durch Schulleitung und Behörden programmieren aber eher einen Weg in die Frustration und, wenn's besonders schlimm kommt, in die Depression. Das muss nicht sein!

Lehrer lägen falsch, würden sie die Verantwortung für diese ungünstige Prognose von sich wegschieben. Unstrittig ist: Problematisches Schülerverhalten, Lärm im Unterricht, die Situation im Lehrerkollegium und die Ausstattung der Schule insgesamt, all das sind wichtige Faktoren, die, je nach Ausprägung, Lehrer krank machen oder gesund erhalten können. Schulleitung ist auf diesem Feld besonders gefragt. Schulleiter können durch geeignete Interventionen viel dazu beitragen, dass Lehrer sich in ihrem Arbeitsumfeld wohlfühlen. Ein intelligentes Konferenzmanagement und eine gerechte Verteilung von Aufgaben und Vertretungsstunden gehören ebenso hierher wie flache Hierarchien, transparente Informationen und eine Feedbackkultur, die Lob und Anerkennung in den Vordergrund rückt. An Schulleiter stellt man damit besonders hohe Ansprüche. Mit Recht! Führungsqualität ist eben mehr als pädagogisches Geschick – viel mehr!

These 2: Schulleiter sind wichtig!

Führungsqualität schafft ein Arbeitsklima, das Herausforderungen mit Annehmlichkeiten paart. Ruhige Lehrerarbeitsplätze mit Laptop, aktueller Software und Drucker ausgerüstet, schaffen Motivation, auch in der Schule Unterricht vorzubereiten. Arbeits- und Freizeitbereich können besser getrennt werden, für viele Kollegen eine wichtige Voraussetzung, um abzuschalten und zu entspannen. Mensaessen, das vollwertig und gesund ist und gut schmeckt, die Möglichkeit, im Unterricht Wasser zu trinken (auch für Lehrer!) lässt Schule den Schrecken der Institution verlieren und eher vertraut und heimisch wirken. Die offene Schule in Waldau hat es beispielhaft vorgemacht (www.osw-online.de)! Ohne eine Schulleitung, die innovativ ist und Innovation mitträgt, geht dies alles ebenso wenig wie ohne ein Kollegium, das mehrheitlich ja dazu sagt. Schulleiter sollten sich nicht nur ihrer besonderen Rolle und Möglichkeiten bewusst sein, die Arbeitsatmosphäre an einer Schule nachhaltig zu prägen, sondern sie sollten auch so handeln! Eben nicht einfach zusehen, sondern zupacken! Dazu müssen Schulleiter (und auch ihre Stellvertreter!) besonders erfahren und qualifiziert sein.

> „Man ist in der Lage etwas zu tun, weil man glaubt, dazu in der Lage zu sein."
> *(Vergil)*

Dennoch: Hauptverantwortliche für ihre Probleme sind die Lehrer selbst, eben nicht die Umstände, nicht der Schulleiter, nicht das System! Und damit sind die Lehrer auch die maßgeblichen Gestalter ihrer eigenen Situation und der so wichtigen Erfahrung der Selbstwirksamkeit. Glaube versetzt eben doch Berge, leider bringt er aber auch Berge zum Einstürzen, wenn's der falsche Glaube ist! Irrationale und fatalistische Überzeugungen haben verheerende Auswirkungen auf Menschen. *„Ich schaff' das nicht!" „Das wird doch nie klappen!" „Das lohnt sich doch eh nicht!"* Wer als Lehrer so denkt, muss sich nicht wundern, wenn er unzufrieden wird und bleibt. Lehrer müssen an sich selbst und ihre Fähigkeiten glauben, mehr als bisher und manchmal sicher auch gegen den Anschein des Misserfolgs, der eben auch täglich spürbar ist. Lehrer müssen sich rüsten, dazulernen: Zeit-Management zum Beispiel und damit effizientes Arbeiten sind vielen Lehrern eher fremd. *„Wozu braucht man das?"* Roland Meloefski (2012) zeigt, wie man als Lehrer seine Aufgaben in *wenigen Schritten strategisch plant und wie nützlich diese Planung ist für ein ausgewogenes Verhältnis von Freizeit und Beruf:* Zufrieden und ausgeglichen sein durch ein paar Minuten Strategie pro Tag! Lehrer müssen sich mehr und mehr in die Karten schauen lassen, auch und gerade von Kollegen. Kollegiale Beratung ist ein Instrument, mit dem sich Lehrer entlasten können: Sich fallen lassen, ohne sich aufzugeben, profitieren von der Empathie und der

Kompetenz der anderen. So verstanden wird kollegiale Beratung zu einem effizienten Problemmanagement, das alle entlastet. Eine Stunde investiert und viel Last ist auf viele Schultern verteilt! Und mancher Stein schon vom Herzen gefallen! Jeder hat die Chance, sich wohl(er) zu fühlen, wenn er's denn anpackt.

These 3: Lehrer müssen ja sagen – zu sich, zu den Schülern und zu modernem Unterricht!

© Gerd Altmann auf https://pixabay.com/de

Lehrer müssen auch Mut haben! Sie müssen Vertrauen in ihre Schüler entwickeln und behalten. Lehrer müssen Kindern und Jugendlichen helfen, aus Gekonntem Selbstvertrauen zu entwickeln und aus Fehlern zu lernen. Lehrer müssen Schülern etwas vormachen, sie müssen Vor-Bild sein! Lehrer sollten für Schüler ein Vor-Bild sein, das erstrebenswert und attraktiv ist; sie sollten ein Bild vom Leben sein und geben, das zusätzlich und manchmal mehr motiviert als Inhalte oder Noten. Und: Lehrer müssen Unterricht interessant und anspruchsvoll gestalten und dabei die Schüler zu selbstständigem und selbstgesteuertem Lernen motivieren. Vernetztes Denken muss integraler Bestandteil jeder Unterrichtsstunde sein. Spätestens seit den Erkenntnissen der Neurodidaktik wissen wir: Neuronale Netzwerke erzeugen differenzierte Zugänge zu Inhalten, schaffen in uns Bilder unserer Welt, die uns der Wahrheit näherbringen, auch unserer eigenen. Lehrer unterstützen damit Heranwachsende dabei, sich selbst zu finden und die Wirklichkeit zu erschließen, als Herausforderung, manchmal als Zumutung, immer aber produktiv!

Die Lehrer brauchen dafür eine positive Grundhaltung den Schülern gegenüber, wollen sie solches Engagement der Heranwachsenden ermöglichen. Lehrer, die dies alles können

„Erfolg buchstabiert sich T-U-N.“
(Susanne Westphal)

und auch tun, sind gesünder als die, die sich weniger zutrauen, manchmal auch weniger zumuten. Aktive Lehrer mit einem vernünftigen Blick nach vorn bleiben eher gesund als passive, weil sie mehr und nachhaltigere Freude an ihrem Tun haben als ihre Kollegen, die nur noch Routinen abspulen und ihren Beruf als Job erleben. Und: Aktive Lehrer sind erfolgreicher als andere. *„Erfolg buchstabiert sich T-U-N“* fasst die Unternehmerin Susanne Westphal zusammen, was auch für Lehrer gilt: Erfolgreich sein durch und im Handeln!

Der Anspruch ist hoch – gewiss! Lehrer sollen ihre pädagogischen Möglichkeiten hochschätzen! Dies wird nur gelingen, wenn Unterricht modernen Ansprüchen genügt. Modern heißt nicht modisch, modern heißt zeitgemäß und zeitgemäß ist das, was nach gesellschaftlichem Konsens sinnvoll ist: Problem- und kompetenzorientiert soll Unterricht heute sein, und vor allem soll moderner Unterricht die Selbstständigkeit der Lernenden fördern. Lehrer müssen im Unterricht wie gute Fernsehmoderatoren wirken: Nicht sie selbst stehen im Mittelpunkt, sondern die Schüler! Die Lernenden müssen die Chance bekommen, sich selbst ins rechte Licht zu rücken. Dazu brauchen Schüler Methoden – ähnlich wie ungeübte Menschen von der Straße Hilfe brauchen, wenn sie in einer Talkshow neben Profis bestehen wollen. Methoden sind nicht Selbstzweck, sie dienen der Sache; sie sind Wege, die eine erfolgreiche Beschäftigung mit der Sache erst möglich machen. Methodenkompetenz ersetzt keineswegs Fachkompetenz, aber ohne Methodenkompetenz gibt es keine hinreichende Fachkompetenz.

These 4: Lehrer sein heißt loslassen, ermöglichen, zutrauen und zumuten!

Viele Lehrer sind allzu oft ungeduldig, zu ungeduldig. Lehrer sind zwar guten Willens, wenn sie ungeduldig und aktiv sind, wollen stets nur das Beste für ihre Schüler; die sollen fit werden für Prüfungen und fürs Leben. Aber viele Lehrer schaden sich durch ihr aktionistisches Behüterverhalten mehr, als sie sich und den Schülern nutzen. Lehrer tun im Unterricht mehr, als den Schülern guttut, geben zu viele Anregungen, setzen zu viele Impulse. Der Lehrer dominiert, aber eben nicht im Sinne Hatties als konstruktiv-lenkender Akteur (2017), sondern als Dompteur, der gängelt und einschränkt. Dieser Lehrer aktiviert die Schüler nur wenig und gibt ihnen kaum Gelegenheit zu selbstständigem Arbeiten. Unterrichtsinhalte werden bei uns eher übergewichtet – auch und gerade in der Lehrerausbildung. Unterrichtsinhalte dürfen nicht vom Lernen abhalten und das Entwickeln von Kompetenzen behindern, sie müssen für die Schüler zur Chance werden, an ihnen exemplarisch Selbstständigkeit im Lernen zu ermöglichen und zu erproben.

Ausprobieren bedeutet auch sich selbst auszuprobieren, neue Seiten an sich zu entdecken und sich selbst zu (er)finden. Ganzheitliche Selbsterfahrung im kreativen (Interaktions-)-Spiel ist für Lehrer und Schüler eine Möglichkeit der Alltäglichkeit des kognitiven Outputs zu entkommen und ganz bei sich selbst zu sein (siehe Kliebisch / Ludden 2019). Selbstsein wird so zum Ausdruck für eine Selbsterfahrung, die Selbstständigkeit und Freiheit erlebbar macht. Lernen und Kompetenzen entwickeln werden so zu einem ganzheitlichen Erleben, das Raum und Zeit vergessen und Grenzen im Denken und Handeln überschreiten lässt, zumindest für eine Weile. Ein Traum? In der Schule nicht möglich?

Optimisten sind meist gesünder und leben länger als Pessimisten, wie eine amerikanische Studie herausgefunden hat (siehe Lee u. a. 2019). Gönnen wir uns den Optimismus!

„Leben heißt handeln“, gießt Albert Camus sein philosophisches Denken in einen Satz. Wer *vor* dem Handeln aufgibt, hat daher schon verloren. Passivität gilt nicht! Lehrerhandeln heißt doch auch, neue Räume zu erschließen, sich auf etwas einzulassen, neugierig zu sein und zu bleiben. Herausforderung schafft Motivation – auch bei Lehrern! Lehrerhandeln bedeutet zu kommunizieren, Rückmeldung zu geben, sich anfragen zu lassen, Standpunkte zu beziehen und Standpunkte zu hinterfragen. Dabei darf Lehrerhandeln zwar ins Utopische greifen, nicht aber ins Irreale abgleiten. Lehrerhandeln braucht Ideale! Lehrerhandeln braucht aber auch das Gespür dafür, was hier und jetzt durchsetzbar ist, braucht Distanz zum eigenen Tun und selbstkritische Reflexion. Lehrerhandeln bedeutet daher stets ein Oszillieren zwischen dem Wünschenswerten und dem Machbaren. Der Weg ist das Ziel! Immer! Und wer etwas tun will, muss es auch tun!

These 5: Lehrer sein heißt kooperatives Lernen ermöglichen!

> „Um sich selbst zu erkennen, muss man handeln.“
> *(Albert Camus)*

Moderner Unterricht setzt auf kooperatives Lernen. Norm Greens Ideen (2009) entsprechen unserem Verständnis von Demokratie; sie spiegeln wesentliche Werte, die uns wichtig sind: Gleichberechtigung und Partizipation, soziales Miteinander, Verantwortung. Kooperative Arbeitsformen setzen Kompetenzen bei Lehrenden und Lernenden voraus, die oft erst erworben werden müssen. Schüler brauchen Methoden, um effektiv kooperativ zu arbeiten. Gemeint sind hier nicht nur Fachmethoden. Sicher: *Wie interpretiere ich ein Gedicht? Wie werte ich ein Diagramm aus? Wie entwickle ich einen Spielzug im Basketball? Wie gestalte ich ein Experiment in der Physik? Wie analysiere ich ein Klavierkonzert? Wie deute ich ein Bild?* Das alles sind Fragen, deren Antworten fachspezifische Methoden voraussetzen, die Lehrer Schülern vermitteln müssen. Kognitiver Output, also Fach- und Methodenkompetenz als Wissen und Fertigkeit verstanden, ist ohne diese Methoden nicht möglich!

Für kooperatives Arbeiten brauchen die Schüler aber noch mehr als Fach- und Methodenkompetenz: Sie brauchen zentrale Schlüsselkompetenzen gerade auch im kommunikativen Bereich. Sie müssen fit sein auch und vor allem im überfachlichen Bereich: Sie müssen zuhören, argumentieren und urteilen können, sie müssen kompromissbereit und entscheidungsfähig, einfühlsam und sozial flexibel sein, sie müssen sich durchsetzen lernen und zugleich auf Mitschüler rücksichtsvoll reagieren können. Ein solches Lernen und Arbeiten ist auf Partizipation, auf Beziehung und soziale Verantwortung hin und damit systemisch angelegt, zugleich orientiert es sich konstruktivistisch am einzelnen Mitglied der Lerngruppe. Diese Sicht schließt ein differenziertes Eingehen auf Heterogenität in Lerngruppen als radikale Schülerorientierung ebenso ein wie ein nachhaltiges Verständnis von Inklusion. Unterrichtsprozesse werden so zum Handlungsraum für alle, demokratisch und frei und zugleich selbstbestimmt und gruppenbezogen zu handeln. Eine gute Basis, auf der Schüler vielfältige Kompetenzen erwerben und entwickeln können. Lernchancen der Art, wie sie Kersten Reich (2012) fordert, wachsen in Lernumgebungen, die handlungs- und produktorientiert sind und die Lernende in ihrem Selbstverständnis ansprechen. Der Lehrer muss dafür die nötige Offenheit mitbringen, eine Offenheit, die Multiperspektivität einschließt. Eine Herausforderung in einem Schulalltag, der auch im Interesse der Schüler manchmal weniger auf Prozesse denn auf Output setzen muss. In jedem Fall: Kooperativ-konstruktivistische Prozesse werden in der Schule erst dann, was sie sein sollen, wenn bei den Schülern soziale Kompetenz mit individuell-kognitivem Output eine Einheit bilden, eine Einheit auf hohem Niveau! Aktionismus zu generieren schaffen viele Lehrer, kooperativen Unterricht mit nachhaltigen Lernergebnissen zu gestalten, aber nur wenige.

Kooperative Unterrichtsformen mit viel Freiraum zum selbstgesteuerten Lernen und zum Übernehmen von Verantwortung auf Schülerseite sind daher keine leichte Sache, für Lehrer nicht, aber auch nicht für Schüler! Die einen, die Lehrer, müssen lernen loszulassen, sie müssen Sicherheits- und Kontrollbedürfnisse relativieren und damit auch Macht abgeben. Die anderen, die Schüler, müssen lernen, Freiraum als Herausforderung und als Verantwortung zu verstehen; sie müssen diesen Freiraum für sich selbst erschließen, gestalten und so Identität in der neuen Rolle gewinnen. Ein hoher Anspruch an beide Seiten! Ein Anspruch, der Gewohntes in Frage stellt, der ängstigt, weil er Veränderung fordert, aber ein Anspruch, der berechtigt ist, ein Anspruch, der unverrückbar wie ein Fels in der Brandung sein und wie ein Leuchtturm die Richtung weisen sollte. Ja: Auf die Lehrer kommt es an! Hattie (2017) hat dies anschaulich und eindrücklich belegt. Enttäuschung und Misserfolg sind sonst für alle vorprogrammiert. Man muss sich klar sein: Die Freiheit der Emanzipation setzt stets eine Zeit der konstruktiven Lenkung und Führung voraus, in der ich lerne, wovon ich mich wie und unter welchen Bedingungen befreien sollte. Niemand kann ohne Verlust von Substanz bei sich und im sozialen Gefüge einfach mal so frei sein. Frei sein und selbstgesteuert zu lernen muss man ebenso lernen wie lesen oder Auto fahren. Kinder Kinder sein zu lassen und sie dort wie Kinder zu behandeln, wo sie noch Kinder, wo sie Unerfahrene sind, ist das eine. Das andere ist es, Kinder und Jugendliche dort in Freiheit lernen zu lassen, wo sie dazu schon imstande sind.

These 6: Lehrer sein und Lehrer werden wollen, heißt Überzeugungstäter sein!

„Yes, we can!"
(Barack Obama)

Lehramtsstudierende sollten Überzeugungstäter sein! So mancher ist schon im Referendariat (zumindest zeitweise) überfordert. Viele sind es auch unmittelbar nach der Festanstellung. Die Probezeit ist eine Herausforderung mit vielen Tücken. Wie sollen solche Lehrer langfristig den Ansprüchen an eine zeitgemäße Pädagogik, an zeitgemäßes Unterrichten und Erziehen gerecht werden? Abwarten statt zu handeln schafft keine Erfolge, die man sich selbst zuschreibt! Pädagogische Selbstwirksamkeit ist ein entscheidender Faktor für eine positive Grundeinstellung zum Beruf. Pädagogische Selbstwirksamkeit kann man aber nur auf Ressourcen aufbauen, sie kann sich nur entwickeln, wenn die Basis stimmt. Dieses Fundament bedeutet zuerst und vor allem: Eine positive Einstellung zum Lehrersein! Von Anfang an, schon vor dem Studium! Und zwar ohne Wenn und Aber, auch dann, wenn's im Schulalltag schwer wird! *„Yes, we can!"* Der Wahlspruch Barack Obamas fasst genial in Worte, was Lehrer beherzigen sollten!

© Gerd Altmann auf https://pixabay.com/de

Ein paar Fragen können helfen, sich als Lehrer selbst auf die Spur zu kommen und die eigene Einstellung zum Beruf zu klären. Zum Beispiel:

- Wie wichtig ist mir mein Beruf?
- Was kann ich besonders gut, was weniger gut?
- Was muss ich noch lernen, um ein guter Lehrer zu sein?
- Wann bin ich ein guter Lehrer?
- Wie stelle ich mir meine Rolle als Lehrer und Erzieher vor?

- Welche Bedeutung hat für mich die Beziehung zu Schülern und zu deren Unterschiedlichkeit?
- Was bedeutet für mich Gerechtigkeit?
- Was verstehe ich unter selbstständigen Schülern?
- Wie kann ich erreichen, dass Schüler selbstständig werden?
- Was sollen Schüler und Kollegen über mich denken, wenn sie einmal die Schule verlassen?
- Wie lustig soll es in meinem Unterricht zugehen?
- Warum lohnt sich mein Unterricht für die Schüler?
- Worin zeigt sich für mich Verantwortung?
- Wie gehe ich mit Kränkungen um, wie mit Kritik und wie mit Konflikten?
- Wie aktiv bin ich, wie innovativ?
- Wie wichtig sind mir meine Unterrichtsfächer und Fachmethoden?
- Was ist meine Botschaft, die ich Schülern, Eltern und auch Kollegen mitgeben möchte?

These 7: Lehrer sein braucht Kompetenzen!

Einen wesentlich differenzierteren Fragenkatalog bietet der Online-Test „Fit für den Lehrerberuf“, den Uwe Schaarschmidt entwickelt hat. Fragen und Tests dieser Art zielen auf Kompetenzen, die für den Lehrerberuf wichtig, vielleicht unverzichtbar sind. Wie würden Sie die Fragen beantworten? Wie deuten Sie Ihre Antworten? – Natürlich: Es bleibt schwierig zu bestimmen, welche Kompetenzen Lehrer unbedingt brauchen, um erfolgreich zu sein. Mit Recht vermuten lässt sich dies:

Erfolgreiche Lehrer haben

- eine gute Fach- und Methodenkompetenz,
- eine gute pädagogisch-psychologische Kompetenz,
- klare Werthaltungen in Bezug auf ihren Tätigkeitsbereich und
- eine überzeugende Selbstkompetenz.

> „Das große Ziel aller Erziehung ist nicht, seine Kenntnisse zu bereichern, sondern handeln zu lernen.“
> *(Herbert Spencer)*

Die Kompetenzmodelle variieren, die solchen Katalogen von Fähigkeiten zugrunde liegen. Bei genauerem Zusehen lassen sich die Fähigkeiten, die ein erfolgreicher Lehrer haben sollte, aber systematisch mit Hilfe des KODE®-Konzepts von Volker Heyse und John Erpenbeck abbilden (siehe Heyse u. a. 2019; KODE® = Abkürzung für *Ko*mpetenz, *D*iagnostik und *E*ntwicklung). Das KODE®-Modell der Persönlichkeit kann man gut auf Lehrer und deren Kerntätigkeiten, das Unterrichten und Erziehen, übertragen (vgl. Kliebisch 2011 sowie Kliebisch / Ludden 2018 und 2019).

Abb. 1 Vier-Säulen-Kompetenz-Modell (aus Kliebisch 2011, 14, leicht verändert)

Volker Heyse und John Erpenbeck (2007; 2009) stellen die menschliche Persönlichkeit auf vier Säulen:

- Personale Kompetenzen

Fragen, die für Lehrer wichtig sein können:

✓ Welches Verständnis von Schule und Unterricht habe ich?
✓ Wie nehme ich mich in der Schule, insbesondere während des Unterrichtens wahr?
✓ Wie stabil bin ich in meinen Gefühlen Kollegen, der Schulleitung und den Schülern gegenüber?
✓ Wie mutig bin ich, pädagogisch Neues zu wagen und mich von Altem zu trennen?
✓ Welche Werte prägen meinen Unterrichts- und Erziehungsstil?
✓ Welche Werte möchte ich Kindern und Jugendlichen vermitteln?
✓ Wie gut kann ich gegenüber Erwartungen von Kollegen, Schulleitung und Schülern Grenzen ziehen?
✓ Wie erlebe ich die Verantwortung, die ich als Lehrer für junge Menschen habe?
✓ Wie gelassen und zufrieden bin ich, wenn ich an meinen Beruf denke?
✓ Wie stark ist mein Selbstbewusstsein im Blick auf meine Tätigkeit als Lehrer?

- Handlungs- bzw. Aktionskompetenzen

Fragen, die für Lehrer wichtig sein können:

✓ Wie initiativ bin ich im Blick auf unterrichtliche und außerunterrichtliche Aktivitäten?
✓ Wie selbstverständlich übernehme ich in der Schule Aufgaben, die über meine Pflichten hinausgehen?
✓ Wie kreativ bin ich, wenn es um das Initiieren und Umsetzen von Ideen geht?

✓ Wie gut organisiere ich zum Beispiel Projekte, Exkursionen oder Klassenarbeiten?
✓ Wie schnell kann ich mich entscheiden, wenn man mir neue Aufgaben anträgt?
✓ Wie gut kann ich in der Schule Spielräume nutzen?
✓ Wie leicht fällt es mir, Schülern im Unterricht Freiräume zu gewähren?
✓ Wie gut kann ich Aktivitäten von Schülern in Gang bringen oder aufgreifen?
✓ Wie leicht fällt es mir, mich im Unterricht zurückzuziehen?
✓ Wie gut kann ich Verantwortung an Schüler oder Kollegen abgeben?

- Fach-/Methodenkompetenzen

Fragen, die für Lehrer wichtig sein können:

✓ Wie gut kenne ich mich in den Inhalten sowie in der Didaktik und Methodik meiner Unterrichtsfächer aus?
✓ Welche psychologischen Kenntnisse habe ich?
✓ Wie gut kann ich selbst Neues lernen und behalten?

> „Nicht auf Wissen kommt es im Leben an, sondern auf Taten."
> *(Thomas Henry Huxley)*

✓ Wie bereit bin ich Neues zu lernen und Bekanntes immer wieder zu überdenken?
✓ Wie und wie oft evaluiere ich meinen Unterricht?
✓ Wie beteilige ich Schüler an der Evaluation meines Unterrichts?
✓ Wie produktiv kann ich meinen Unterricht reflektieren?
✓ Wie intensiv bilde ich mich in den Inhalten und in der Didaktik meiner Fächer fort?

- Sozial-kommunikative Kompetenzen

Fragen, die für Lehrer wichtig sein können:

✓ Wie einfühlsam bin ich, wenn ich mit Schülern in Problemsituationen rede?
✓ Wie gut nutze ich Gesprächstechniken und -strategien, wenn ich Schüler berate?
✓ Wie gut kann ich Unterrichtsgespräche strukturieren?
✓ Wie konfliktfähig bin ich?
✓ Wie gut kann ich mit Kritik umgehen, die Schüler oder Eltern formulieren?
✓ Wie gut beherrsche ich Konferenz- oder Moderationsmethoden?
✓ Wie tolerant und offen bin ich gegenüber Vorschlägen, die Schüler im Unterricht einbringen?
✓ Wie geschickt kann ich im Unterricht auf unvorhergesehene Gesprächsverläufe reagieren?
✓ Wie problemlos kann ich Schüler auf Fehler und Versäumnisse aufmerksam machen?
✓ Wie stark wirke ich im Unterricht sozialintegrativ?
✓ Wie engagiert fördere ich Schüler im Blick auf ihre speziellen Fähigkeiten und Probleme?
✓ Wie intensiv lobe ich Schüler für ihr Verhalten und für ihre fachlichen Leistungen?

These 8: Lehrer sein heißt seine Kompetenzen kennen, beurteilen und entwickeln!

Jeder Mensch hat und nutzt zu jeder Zeit alle vier Kompetenzbereiche. Menschen unterscheiden sich im Blick auf ihr spezifisches Kompetenzprofil. Den Zusammenhang kann man sich so vorstellen: Alle Menschen haben dieselbe Menge an Kompetenzen; zugleich differiert unter den Menschen der Anteil, den die vier Kompetenzbereiche jeweils an der Gesamtmenge der Kompetenzen haben. So gibt es Menschen mit dominant ausgeprägten sozialkommunikativen Kompetenzen oder auch solche, deren Handlungskompetenz besonders stark entwickelt ist. Das KODE®-Modell hat den Vorteil, Aussagen über das Verhältnis von Kompetenzen zueinander zu machen, statt vermeintlich notwendige Kompetenzen nur aufzulisten. Auch für die Analyse von Lehrerkompetenzen ist es nützlich, Kompetenzbereiche im Verhältnis zueinander zu beschreiben.

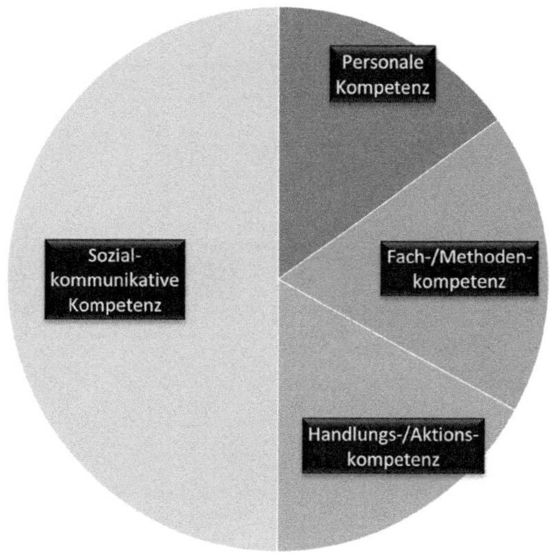

Abb. 2 Ein für Lehrer eher ungünstiges Kompetenzprofil

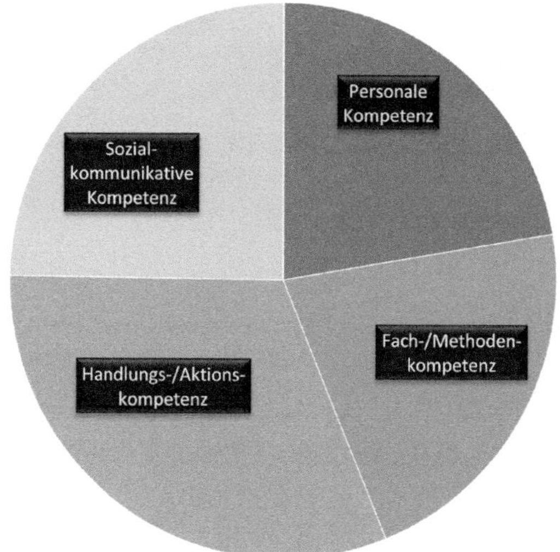

Abb. 3 Ein für Lehrer eher günstiges Kompetenzprofil

P PERSONALE KOMPETENZ | **A AKTIVITÄTS- UND HANDLUNGSKOMPETENZ**

P
- **Loyalität** – Fähigkeit, redlich zu handeln
- **Werteorientierung** – Fähigkeit, ethisch zu handeln
- **Glaubwürdigkeit** – Fähigkeit, glaubwürdig zu handeln
- **Eigenverantwortung** – Fähigkeit, verantwortlich zu handeln

P/A
- **Einsatzbereitschaft** – Fähigkeit, mit vollem Einsatz zu handeln
- **Selbst-Management** – Fähigkeit, das eigene Handeln zu gestalten
- **Schöpferische Fähigkeit** – Fähigkeit, schöpferisch (kreativ) zu handeln
- **Offenheit für Veränderung** – Fähigkeit, Veränderungen als Lernsituation zu verstehen und entsprechend zu handeln

A/P
- **Entscheidungsfähigkeit** – Fähigkeit, Entscheidungen unverzüglich zu treffen
- **Gestaltungsfähigkeit** – Fähigkeit, etwas willensstark zu gestalten
- **Innovationsfähigkeit** – Fähigkeit, Neuerungen gern anzugehen
- **Belastbarkeit** – Fähigkeit, unter äußeren und inneren Belastungen zu handeln

A
- **Tatkraft** – Fähigkeit, tatkräftig zu handeln
- **Mobilität** – Fähigkeit, geistig / körperlich beweglich zu handeln
- **Ausführungsbereitschaft** – Fähigkeit, Handlungen gut und gern auszuführen
- **Initiative** – Fähigkeit, Handlungen aktiv zu beginnen

P/S
- **Humor** – Fähigkeit, sich „von außen" und relativierend zu betrachten
- **Hilfsbereitschaft** – Fähigkeit, anderen Hilfe zu leisten
- **Mitarbeiterförderung** – Fähigkeit, Mitarbeiter zu fördern
- **Delegieren** – Fähigkeit, Aufgaben sinnvoll zu verteilen

P/F
- **Lernfähigkeit** – Fähigkeit, gern und erfolgreich zu lernen
- **Ganzheitliches Denken** – Fähigkeit, ganzheitlich zu denken und zu handeln
- **Disziplin** – Fähigkeit, in gebilligter Disziplin zu handeln
- **Zuverlässigkeit** – Fähigkeit, zuverlässig zu handeln

A/S
- **Optimismus** – Fähigkeit, zuversichtlich zu handeln
- **Soziales Engagement** – Fähigkeit, sozial tatkräftig zu handeln
- **Impulsgeben** – Fähigkeit, anderen Handlungsanstöße zu vermitteln
- **Schlagfertigkeit** – Fähigkeit, schlagfertig zu antworten

A/F
- **Ergebnisorientiertes Handeln** – Fähigkeit, an Ergebnissen orientiert zu handeln
- **Zielorientiertes Führen** – Fähigkeit, andere auf Ziele hin zu orientieren
- **Beharrlichkeit** – Fähigkeit, beharrlich zu handeln
- **Konsequenz** – Fähigkeit, folgerichtig zu handeln

S/P
- **Konfliktlösungsfähigkeit** – Fähigkeit, auch unter Konflikten erfolgreich zu handeln
- **Integrationsfähigkeit** – Fähigkeit, mit anderen Personen erfolgreich zusammenzuwirken
- **Teamfähigkeit** – Fähigkeit, in und mit Teams erfolgreich zu arbeiten
- **Dialogfähigkeit Kundenorientierung** – Fähigkeit, sich auf andere (u.a. Kunden) im Gespräch einzustellen

S/A
- **Akquisitionsstärke** – Fähigkeit, andere für Aufgaben und Produkte zu werben
- **Problemlösungsfähigkeit** – Fähigkeit, Problemlösungen erfolgreich zu gestalten
- **Experimentierfähigkeit** – Fähigkeit, in neuen Situationen zu probieren, neuartig zu handeln
- **Beratungsfähigkeit** – Fähigkeit, Menschen und Organisationen zu beraten

F/P
- **Wissensorientierung** – Fähigkeit, ausgehend vom neuesten Wissensstand zu handeln
- **Analytische Fähigkeiten** – Fähigkeit, Sachverhalte und Probleme zu durchdringen
- **Sachlichkeit** – Fähigkeit, sachbezogen zweckmäßig zu handeln
- **Beurteilungsvermögen** – Fähigkeit, Sachverhalte zutreffend zu beurteilen

F/A
- **Konzeptionsstärke** – Fähigkeit, sachlich gut begründete Handlungskonzepte zu entwickeln
- **Organisationsfähigkeit** – Fähigkeit, organisatorische Aufgaben aktiv und erfolgreich zu bewältigen
- **Fleiß** – Fähigkeit, konzentriert und unermüdlich zu handeln
- **Systematisch-methodisches Vorgehen** – Fähigkeit, Handlungsziele systematisch methodisch zu verfolgen

S
- **Kommunikationsfähigkeit** – Fähigkeit, mit anderen erfolgreich zu kommunizieren
- **Kooperationsfähigkeit** – Fähigkeit, gemeinsam mit anderen erfolgreich zu handeln
- **Beziehungsmanagement** – Fähigkeit, persönliche und arbeitsbezogene Beziehungen zu gestalten
- **Anpassungsfähigkeit** – Fähigkeit, sich Menschen und Verhältnissen anzupassen

S/F
- **Sprachgewandtheit** – Fähigkeit, zu geschmeidigem Sprachhandeln
- **Verständnisfähigkeit** – Fähigkeit, andere zu verstehen und sich verständlich zu machen
- **Pflichtbewusstsein** – Fähigkeit, verantwortungsbewusst zu handeln
- **Gewissenhaftigkeit** – Fähigkeit, gewissenhaft zu handeln

F/S
- **Projektmanagement** – Fähigkeit, Projekte erfolgreich durchzuführen
- **Folgebewußtsein** – Fähigkeit, die Folgen von Entscheidungen vorausssehend zu erkennen
- **Lehrfähigkeit** – Fähigkeit, anderen Wissen und Erfahrungen erfolgreich zu vermitteln
- **Fachliche Anerkennung** – Fähigkeit, eigenes fachliches Können sowie das anderer sachlich anzuerkennen

F
- **Expertise** – Fähigkeit, neuestes Fachwissen einbeziehend zu behandeln
- **Marktorientierung** – Fähigkeit, sich Marktkenntnisse zu erarbeiten und entsprechend zu handeln
- **Planungsfähigkeit** – Fähigkeit, vorausschauend und planvoll zu handeln
- **Fachübergreifendes Verständnis** – Fähigkeit, fachübergreifende Kenntnisse einbeziehend zu behandeln

S SOZIAL-KOMMUNIKATIVE KOMPETENZ | **F FACH- UND METHODENKOMPETENZ**

Abb. 4 KompetenzAtlas (Heyse / Erpenbeck)

Manche Lehrer haben für ihre Tätigkeit besonders günstige, andere weniger günstige Kompetenzprofile (siehe Abbildungen 2, 3 und 4). Ein Beispiel: Eine hohe Sozialkompetenz zu haben ist für Lehrer auf den ersten Blick günstig. Eine hohe Sozialkompetenz hilft, Schülerinteressen ernst zu nehmen, sich in Schüler hineinzuversetzen, die Sprache der Schüler zu treffen und mit ihnen bei Konflikten zu tragfähigen Lösungen zu kommen. Zugleich birgt eine hohe Sozialkompetenz für einen Menschen das Risiko, sich wie ein Fähnlein im Winde zu verhalten. Mögliche Folgen: Ständiges Nachgeben, um Konflikten auszuweichen und sich beliebt zu machen. Anders gesagt: Lehrer mit hoher Sozialkompetenz sind gefährdet, ihre Erziehungsaufgabe nicht angemessen wahrzunehmen. Ein gutes Korrektiv bei hoher Sozialkompetenz liegt in einer ähnlich hohen personalen Kompetenz. Verinnerlichte Wertvorstellungen und Überzeugungen, also Grundhaltungen zum Leben, tragen Menschen meist auch dann durch, wenn sie dafür soziale Missbilligung erfahren. Sozial tolerantes Verhalten endet oft dort, wo nachhaltig Überzeugungen beschädigt werden. Lehrer mit hoher sozial-kommunikativer Kompetenz und genügend hoher personaler Kompetenz können ihren Erziehungsaufgaben nachkommen, ohne im Falle von Unstimmigkeiten sofort ein schlechtes Gewissen zu spüren. Diese Lehrer handeln also professionell und haben eine angemessene Selbstregulation. Wichtige Voraussetzungen zum Beispiel für das Durchsetzen von Regeln im Klassenzimmer, für ein gutes Classroom Management insgesamt!

> „Vorbeugen ist besser als Bohren."
> *(Blend-a-med-Werbung)*

„Vorbeugen ist besser als Bohren!" hieß es vor Jahren in einer Zahnpasta-Werbung. Lehrer müssen lernen, sich beim Unterrichten prophylaktisch zu verhalten: Das Vermitteln sozialer und kommunikativer Kompetenzen gehört ebenso hierher wie ein effizientes Umgehen mit Störungen. Nicht zuletzt bedeutet Vorbeugen auch eine Veränderung des Lehrerverhaltens, eine neue und andere Gewichtung dessen, was im Unterricht wichtig ist. Kommunikationstheoretiker wie Paul Watzlawick (2016) würden sagen: Alles, was Beziehung fördert oder behindert, wird auch im Unterricht Einfluss darauf haben, was inhaltlich gelernt wird. Lehrer müssen Unterricht daher ganzheitlich verstehen. Maß und Qualität des kognitiven Outputs von Lernprozessen ist abhängig von der Qualität des Lernprozesses und damit von der Qualität der Beziehung, die die Lernenden untereinander und zur Lehrperson haben.

Das können Sie tun.

✓ Übung 1: Selbst-Check: Bin ich ein kompetenter Lehrer?

Vorgehen:

Der folgende Test kann Ihnen helfen, Ihre Kompetenzen als Lehrer zu erkennen und zu reflektieren. Bearbeiten Sie die Testfragen zunächst in Einzelarbeit. Danach können Sie mit einem Partner über Ihre Antworten sprechen, bevor eine vertiefende Auswertung im Plenum stattfindet.

Test

Der Test ist in einer bestimmten Weise aufgebaut. Hier ein Beispiel für eine Testfrage:

Ich habe keine Probleme, rasch eine Unterrichtsstunde zu planen.

stimmt nicht *stimmt zum Teil* *stimmt genau*

-5	-4	-3	-2	-1	0	+1	+2	+3	+4	+5
	X									

Die Antwort „-4“ besagt: Nein, ich habe erhebliche Schwierigkeiten, rasch eine Unterrichtsstunde zu planen.

Und das sind die Fragen:

1. Ich habe keine Probleme, meinen Unterricht problemorientiert zu gestalten.

stimmt nicht *stimmt zum Teil* *stimmt genau*

-5	-4	-3	-2	-1	0	+1	+2	+3	+4	+5

2. Wenn ich erkenne, dass ein Schüler benachteiligt wird, handle ich sofort.

stimmt nicht *stimmt zum Teil* *stimmt genau*

-5	-4	-3	-2	-1	0	+1	+2	+3	+4	+5

3. Ich arbeite mit Eltern und anderen Einrichtungen außerhalb der Schule intensiv und vertrauensvoll zusammen.

stimmt nicht *stimmt zum Teil* *stimmt genau*

-5	-4	-3	-2	-1	0	+1	+2	+3	+4	+5

4. Ich habe überhaupt kein Problem, bei Schülern Lernfortschritte zu diagnostizieren und zu dokumentieren.

stimmt nicht *stimmt zum Teil* *stimmt genau*

-5	-4	-3	-2	-1	0	+1	+2	+3	+4	+5

5. Vielfalt von Kulturen ist für mich eine Chance, Unterricht interessant und abwechslungsreich zu gestalten.

stimmt nicht *stimmt zum Teil* *stimmt genau*

-5	-4	-3	-2	-1	0	+1	+2	+3	+4	+5

6. Ich kann Schülern gegenüber klar Grenzen aufzeigen und auch mal nein sagen.

stimmt nicht *stimmt zum Teil* *stimmt genau*

-5	-4	-3	-2	-1	0	+1	+2	+3	+4	+5

7. Wenn's Konflikte in der Klasse gibt, ermutige ich alle, sich aktiv an der Lösung zu beteiligen.

stimmt nicht *stimmt zum Teil* *stimmt genau*

-5	-4	-3	-2	-1	0	+1	+2	+3	+4	+5

8. Ich kenne und nutze ein sehr großes Repertoire an Fachmethoden.

stimmt nicht *stimmt zum Teil* *stimmt genau*

-5	-4	-3	-2	-1	0	+1	+2	+3	+4	+5

9. Ich kooperiere gern mit Kollegen, um meine eigene Arbeit effektiver zu machen.

stimmt nicht *stimmt zum Teil* *stimmt genau*

-5	-4	-3	-2	-1	0	+1	+2	+3	+4	+5

10. Ich habe kein Problem damit, Leistungsüberprüfungen zu konzipieren.

stimmt nicht *stimmt zum Teil* *stimmt genau*

-5	-4	-3	-2	-1	0	+1	+2	+3	+4	+5

11. Ich habe kein Problem damit, für die Schüler adressatenorientiert Aufgaben zu formulieren.

stimmt nicht *stimmt zum Teil* *stimmt genau*

-5	-4	-3	-2	-1	0	+1	+2	+3	+4	+5

12. Konflikte mit Kollegen oder der Schulleitung sind dafür da, dass wir sie gemeinsam lösen. Ich traue mir zu, zu den Lösungen konstruktiv beizutragen.

stimmt nicht *stimmt zum Teil* *stimmt genau*

-5	-4	-3	-2	-1	0	+1	+2	+3	+4	+5

13. Ich kann Schüler konstruktiv beraten, auch wenn es sich dabei um Verhaltens- und Lernprobleme handelt.

stimmt nicht *stimmt zum Teil* *stimmt genau*

-5	-4	-3	-2	-1	0	+1	+2	+3	+4	+5

14. Ich habe kein Problem damit, Kollegen und meinen Vorgesetzen klar zu sagen, was ich denke.

stimmt nicht *stimmt zum Teil* *stimmt genau*

-5	-4	-3	-2	-1	0	+1	+2	+3	+4	+5

15. Wenn ich von etwas überzeugt bin, versuche ich, es durchzusetzen.

stimmt nicht *stimmt zum Teil* *stimmt genau*

-5	-4	-3	-2	-1	0	+1	+2	+3	+4	+5

16. Ich bin bereit und fähig, in der Schule über den Unterricht hinaus anspruchsvolle Aufgaben zu übernehmen.

stimmt nicht *stimmt zum Teil* *stimmt genau*

-5	-4	-3	-2	-1	0	+1	+2	+3	+4	+5

17. In meinem Unterricht geht es ruhig und strukturiert zu. Ich beherrsche das Classroom Management gut.

stimmt nicht *stimmt zum Teil* *stimmt genau*

-5	-4	-3	-2	-1	0	+1	+2	+3	+4	+5

18. Wenn mir jemand einen Rat gibt, denke ich intensiv über die Idee nach.

stimmt nicht *stimmt zum Teil* *stimmt genau*

-5	-4	-3	-2	-1	0	+1	+2	+3	+4	+5

19. Ich lasse den Schülern so viel Freiraum zum Gestalten ihrer individuellen Lernwege, wie das möglich ist.

stimmt nicht *stimmt zum Teil* *stimmt genau*

-5	-4	-3	-2	-1	0	+1	+2	+3	+4	+5

20. Ich nehme nicht jede Einladung zu einer privaten Feier an, die ein Kollege ausrichtet.

stimmt nicht *stimmt zum Teil* *stimmt genau*

-5	-4	-3	-2	-1	0	+1	+2	+3	+4	+5

Material 2

Bogen zur Auswertung des Tests

Und so können Sie den Test auswerten:

Tragen Sie in den Auswertungsbogen die Punktwerte ein, die Sie im Fragebogen angekreuzt haben. Verbinden Sie anschließend die einzelnen Kreuze durch eine Linie. Ergebnis: Je mehr Ihre Kompetenz-Linie im rechten positiven Teil der Tabelle verläuft, desto besser sind Ihre Lehrerkompetenzen entwickelt.

Nr.	-5	-4	-3	-2	-1	0	+1	+2	+3	+4	+5
1											
2											
3											
4											
5											
6											
7											
8											
9											
10											
11											
12											
13											
14											
15											
16											
17											
18											
19											
20											

Denkanregungen

- Wie zufrieden sind Sie mit dem Testergebnis?
- Welche Items im Test finden Sie besonders wichtig, wenn es um Ihre Lehrerkompetenzen geht? Wie kommen Sie auf diese Wertung?
- Schauen Sie sich Ihre Kompetenzlinie an: Was fällt Ihnen dabei besonders auf?
- Erziehen gehört zu den Lehrerkompetenzen. Wie gut sind Sie in dem Bereich aufgestellt? Woran können Sie Ihre Fähigkeiten in dem Bereich festmachen?
- An welchen Stellen lohnt es sich für Sie, Ihre Kompetenzen weiterzuentwickeln? Wie wollen Sie dabei vorgehen?
- Wie wichtig ist für Sie die Interaktion mit Ihren Kollegen und der Schulleitung?
- Wie stark werden Sie an Ihrer Schule gelobt, wenn Sie außerhalb Ihrer Dienstpflichten etwas für die Schule tun?
- Wie erleben Sie an Ihrer Schule das Verhältnis zwischen Schulleitung und Kollegium? Was würden Sie verbessern, wenn Sie dazu alle Mittel besäßen?
- Nehmen Sie an, Sie hätten eine Million Euro zur Verfügung. Was an Ihrer Schule oder am Bildungssystem generell würden Sie mit dem Geld verbessern?

© Gerd Altmann auf https://pixabay.com/de

Tipps

- Die Test-Items können Sie je nach Bedarf an Ihre persönliche Situation oder die der Teilnehmergruppe anpassen. Dabei ist es sinnvoll, sich an den Handlungsfeldern zu orientieren, die für die Lehrertätigkeit typisch sind.
- Lassen Sie die Teilnehmenden miteinander auch über die Maßstäbe reden, die Sie implizit beim Einschätzen der einzelnen Itemaussagen genutzt haben. Diese Maßstäbe können sehr unterschiedlich sein und daher zu unangemessenen Verzerrungen

im Selbstbild führen. Wer ist in der Selbsteinschätzung besonders lasch, wer besonders kritisch mit sich umgegangen? Woran liegt das wohl? Und inwieweit hat die Art der Selbstwahrnehmung etwas mit dem zu tun, wie man als Lehrer Schüler beurteilt und bewertet?

➢ Nutzen Sie den Fragebogen auch zur Fremdeinschätzung. Sinnvoll ist diese Variante in Gruppen, in denen sich die Teilnehmenden gut kennen und bereit sind, sich von Kollegen einschätzen zu lassen.

✓ Übung 2: Konflikte managen

Ein paar Informationen vorweg: Im Leben und daher auch in der Schule sind Konflikte an der Tagesordnung. Der Konfliktfall ist geradezu der Normalfall. Dabei kann man feststellen: Viele Konflikte lassen sich nicht lösen, zumindest nicht so, dass alle Konfliktparteien mit der Lösung voll zufrieden sind. Was heißt das für das Lehrerhandeln?

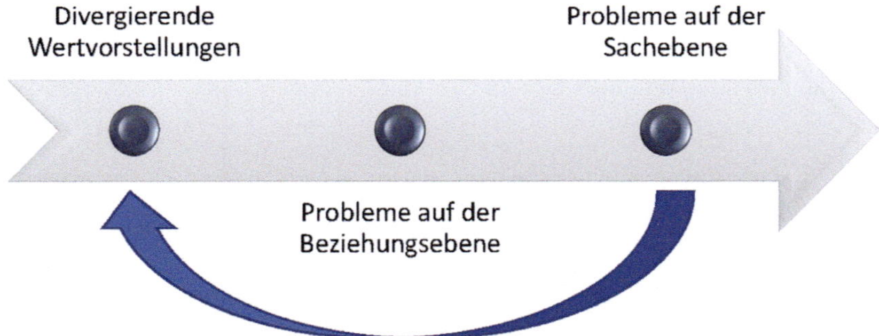

Lehrer müssen lernen, mit Konflikten konstruktiv umzugehen, und müssen fähig sein, ungelöste Konflikte auszuhalten, ohne daran zu zerbrechen. Konflikte entstehen durchweg auf der Beziehungsebene. Die Kommunikationspartner sind sich bei einem Konflikt nicht mehr einig darüber, wie ihre Beziehung aktuell zu definieren ist. Die Partner liefern einander unterschiedliche Beziehungsdefinitionen, die sich ganz oder teilweise ausschließen. Hinter den divergierenden Beziehungsdefinitionen verbergen sich divergierende Wertvorstellungen und Überzeugungen darüber, wie die Beziehung auszusehen hat. Die desolate Beziehungssituation führt dazu, dass auf der inhaltlichen Ebene der Kommunikation Störungen entstehen. Die Partner reagieren auf der Inhaltsebene nicht mehr sachbezogen, weil sie auf der Beziehungsebene emotional betroffen sind.

Die unterschiedlichen Wertvorstellungen und Überzeugungen beeinflussen die Beziehungsebene negativ; die ungünstige Beziehungssituation wirkt dann so auf die Sachebene, dass hier eine vernünftige Auseinandersetzung nicht mehr möglich ist. Die Beziehungsprobleme haben die Kraft von Stacheln, die die Sachebene beständig von unten torpedieren. Die Kommunikationspartner sollten möglichst sofort handeln, wenn sie sich in einer solchen Konfliktsituation befinden. Doch wie löst man Konfliktstrukturen (zumindest weitgehend) konstruktiv auf?

Der Konflikt darf nicht weiter unterhalten werden, wenn man ihn lösen will. Dafür müssen die Gesprächspartner die Sachebene verlassen, weil die Sachebene nur ein stellvertretender Schauplatz für den Beziehungskonflikt ist. Die Konfliktpartner müssen sich auf die Meta-Ebene der Kommunikation begeben. Mindestens einer der beteiligten Konfliktpartner muss es schaffen, den Beziehungskonflikt und damit auch die Beziehungsebene der Auseinandersetzung anzusprechen, wenn man gemeinsam die Situation klären möchte. Klären heißt hier nicht zwingend für alle zufriedenstellend lösen. Eine Art der Lösung kann auch schon darin liegen, wenn die Beteiligten verstehen, wo das Problem liegt, also im wörtlichen Sinne klar sehen, was los ist.

Das Ansprechen des Konflikts allein reicht dazu in der Regel nicht aus. Das Konfliktgespräch gerät sehr leicht in einen Rundum-Schlagabtausch der Beteiligten und wird dann oft auf der Sachebene und nicht auf der Metaebene weitergeführt. Beides ist zu vermeiden: Der Konflikt muss auf das Hier und Jetzt begrenzt werden, nur das darf zum Gegenstand der Auseinandersetzung werden, was den Konflikt aktuell ausgelöst hat.

Generalabrechnungen mit vergangenen Ereignissen sind während der Lösung eines Konflikts nicht gefragt; sie weiten das Problem unangemessen aus und führen daher tiefer in den Konflikt hinein statt aus ihm heraus. Das Konfliktgespräch muss ferner unbedingt die Beziehungsfrage thematisieren und darf nicht weiter die Sachebene als stellvertretenden Kriegsschauplatz benutzen; geschieht dies nicht, bleibt das eigentliche Problem ungelöst.

Ein geschicktes Konflikt-Management beachtet daher eine Reihe von Punkten, um zu echten Lösungen zu kommen:

Schritte beim Konflikt-Management

- ❑ Klären Sie, welche unterschiedlichen Bedürfnisse, Überzeugungen und Wertvorstellungen hinter dem Konflikt stecken und ihn unterhalten!
- ❑ Suchen Sie gemeinsam nach Lösungen! Lassen Sie in einem Brainstorming zunächst alle Lösungen zu, die Ihnen einfallen.
- ❑ Bewerten Sie die Lösungen! Schnell umsetzbare und zugleich effiziente Lösungen sind die besten. Suchen Sie nach der besten Lösung für den Konflikt!
- ❑ Legen Sie schriftlich einen Aktionsplan für die Umsetzung der Lösung fest! Beantworten Sie dabei folgende Fragen: Wer soll etwas tun? Was genau soll getan werden? Wann genau soll es getan werden? Wie?
- ❑ Überlegen Sie, wie Sie zusammen mit Ihrem Konfliktpartner prüfen können, ob der Aktionsplan auch tatsächlich in die Praxis umgesetzt wurde. Klären Sie, was geschehen soll, wenn dies nicht der Fall ist.

Vorgehen:

Lassen Sie Gruppen zu vier Personen bilden. Gruppenteilnehmer A führt B durch die folgende Übung. Die weiteren Personen in der Gruppe sind Beobachter und reflektieren die Situation mit, die B erinnert. Ist genug Zeit vorhanden, wiederholt man den Ablauf, sodass eine weitere Person aus der Gruppe ein Konfliktereignis erinnert.

1. Schritt: Konflikt-Situation dissoziiert erinnern

Erinnern Sie eine Konflikt-Situation, die Sie vor kurzem erlebt haben. Setzen Sie sich dazu in Ihr Lieblingskino und schauen Sie sich einen Film von dem Konflikt auf der Leinwand an. Sie wirken in diesem Film als einer der Hauptdarsteller mit. Dissoziieren Sie also von Ihrer Erinnerung.

2. Schritt: Bedürfnisse der Konfliktparteien bestimmen

A) Wie genau zeigt sich der Konflikt?

- Wie verhalten Sie sich? Wie verhält sich Ihr Konfliktpartner? Versetzen Sie sich in dessen Situation und betrachten Sie die Situation aus seinen Augen.

Ihr Verhalten	Das Verhalten des Konfliktpartners

B) Worin liegt die Ursache für die Konfliktsituation?

- Welche Bedürfnisse haben die Konfliktparteien? Versetzen Sie sich auch hier wiederum in die Lage Ihres Gegenübers, um zu verstehen, welche Bedürfnisse Ihr Konfliktpartner hat/haben könnte

Ihre Bedürfnisse	Die Bedürfnisse Ihres Konfliktpartners

3. Schritt: Lösungsvorschläge machen

Schreiben Sie alle Lösungsvorschläge für den Konflikt auf, die Ihnen aus Ihrer Sicht und aus der Sicht Ihres Konfliktpartners einfallen. Versetzen Sie sich in die Lage Ihres Partners. Machen Sie ein Brainstorming.

Ihre Lösungen	Die Lösungen Ihres Konfliktpartners

4. Schritt: Lösungsvorschläge bewerten und den besten Vorschlag ermitteln

Bewerten Sie alle Vorschläge; suchen Sie nach Pro- und Contra-Argumenten. Bringen Sie die Vorschläge anschließend in eine Reihenfolge: Für welchen Vorschlag spricht am meisten usw.?

Die Lösungen nach ihrem Rangplatz
1.
2.
3.
4.

5. Schritt: Den besten Vorschlag in die Praxis umsetzen

Überlegen Sie, wer was wann wie machen muss, damit der beste Lösungsvorschlag in die Praxis umgesetzt werden kann. Machen Sie einen Aktionsplan und schreiben Sie ihn auf.

Die Praxis der besten Lösungen
Wer?
Was?
Wann?
Wie?

6. Schritt: Die Ergebnisse prüfen

Wie stellen Sie die Ergebnisse sicher? Woran genau wollen Sie prüfen, ob der Lösungsvorschlag erfolgreich in die Praxis umgesetzt wurde? Wer soll wann was wie machen?

Die Prüfung der besten Lösungen
Wer?
Was?
Wann?
Wie?

Denkanregungen

- Wie zufrieden sind Sie mit der Konfliktlösung? Woran liegt das?
- Wie haben Sie das Vorgehen empfunden? Inwieweit haben die Regeln Ihnen geholfen?
- Inwieweit würden Sie sich zutrauen, das Verfahren auch im Falle eines akuten Konflikts mit Kollegen oder Schülern zu nutzen?
- Inwieweit ist es sinnvoll, ein solches Verfahren zur Konfliktlösung als Metakommunikation direkt im Unterricht zu nutzen? Was sollten Schüler in dem Fall wissen, was sollten sie können, damit der Prozess gelingt?
- Welche Probleme könnten bei dem Vorgehen auftreten – bei Ihnen selbst und bei Ihrem Konfliktpartner?
- Welche Arten von Konflikten scheinen Ihnen besonders geeignet, auf die Weise bearbeitet zu werden, wie sie hier vorgestellt wird? Für welche Konflikte eignet sich das Verfahren Ihrer Meinung nach bedingt oder gar nicht?
- Was tun Sie, wenn Sie Konflikte nicht zufriedenstellend lösen können? Wie verhalten Sie sich in dem Fall Ihrem Konfliktpartner gegenüber? Was erwarten Sie umgekehrt von ihm?

Tipps

- Soll Metakommunikation gelingen, brauchen die Teilnehmenden dafür auch die passende kommunikative Kompetenz. Über Gesprächstechniken, die man bei der Konfliktlösung nutzen kann, erfahren Sie in diesem Buch vor allem in zwei Kapiteln mehr: *Gespräche führen* und *Beraten lernen*.
- Es ist hilfreich, Schüler in diese Art der Konfliktlösung einzuführen. An manchen Schulen gibt es Schüler als Streitschlichter, die für diese Aufgabe ausgebildet sind. Nutzen Sie gegebenenfalls die Expertise dieser Schüler.
- Im Unterricht zeigen sich Konflikte mit einer Schülergruppe oder mit einzelnen Schülern oft in Störungen des Unterrichtsablaufs. Prüfen Sie daher: Wie sinnvoll ist es, das Geschehen nicht nur erzieherisch, sondern auch über das aktive Lösen von Konflikten zu klären?

✓ Übung 3: Kompetenz-Pyramide – Was kann eine gute Lehrkraft?

Vorgehen

Stellen Sie die Aufgabe so:

1. Schritt

   Nennen Sie 12 Fähigkeiten, die Ihrer Meinung nach eine gute Lehrkraft auszeichnen. Denken Sie dabei an unterschiedliche Handlungsfelder Ihrer Tätigkeit.

2. Schritt

   Ordnen Sie die Fähigkeiten mit Hilfe der Pyramide (siehe unten): Die wichtigste Fähigkeit steht ganz oben, nach unten nimmt die Bedeutung der Fähigkeiten ab. Fähigkeiten, die in derselben Reihe stehen, sind Ihnen gleich wichtig. In Ebene A schreiben Sie eine Fähigkeit, in Ebene B zwei Fähigkeiten, in Ebene C drei Fähigkeiten und in Ebene D vier Fähigkeiten.

3. Schritt

   Tauschen Sie Ihre Ergebnisse mit einem Partner aus. Einigen Sie sich auf eine Kompetenz-Hierarchie, die Sie gemeinsam vertreten können.

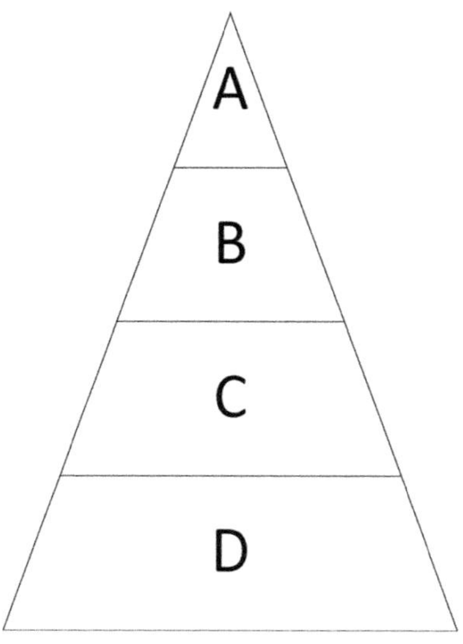

Kompetenz-Pyramide

Denkanregungen

- Erklären Sie, warum die Fähigkeit A an der Spitze Ihrer Kompetenz-Pyramide steht.
- Welche Bedeutung hat die Spitzen-Kompetenz Ihrer Pyramide in Ihrer alltäglichen Arbeit?
- Inwieweit möchten Sie Ihre Spitzen-Kompetenz noch weiterentwickeln?
- Inwieweit könnte Ihre Spitzen-Kompetenz schon zu weit entwickelt sein?
- Wie reagieren Sie auf Lehrkräfte, deren Spitzen-Kompetenz entscheidend von Ihrer Spitzen-Kompetenz abweicht?
- Erläutern Sie, weshalb die Kompetenzen B, C, D und E in der unteren Reihe der Pyramide stehen.
- Zu Anfang haben Sie zwölf Kompetenzen ermittelt, zehn durften Sie in Ihre eigene Pyramide übernehmen. Welche Kompetenzen haben es nicht in die Pyramide geschafft? Warum?
- Inwieweit glauben Sie, kann man bestimmte Kompetenzen für die Lehrertätigkeit als unverzichtbar beschreiben?
- Reflektieren Sie nochmals Ihre Spitzen-Kompetenz: Formulieren Sie die Wertvorstellungen, die mit dieser Kompetenz verbunden sind. Beschreiben Sie eigene Erfahrungen, die das belegen.

Tipps

- Das Hierarchisieren ihrer Kompetenzen fällt vielen Lehrkräften eher schwer. Zu sehr ist für den Kontext A die eine und für den Kontext B eine andere Kompetenz besonders wichtig. Lassen Sie Raum, um dieses Phänomen zu besprechen.
- Die Kompetenz an der Spitze der Pyramide ist in der Regel stark mit Überzeugungen verknüpft, die die Person im Blick auf ihren Beruf hat. Lassen Sie diese Überzeugungen formulieren. Diskutieren Sie: Inwieweit sind solche Überzeugungen revidierbar und veränderbar?
- Stellen Sie Kompetenzen in Frage: Sich gerecht gegenüber Schülern zu verhalten ist zum Beispiel eine oft genannte Fähigkeit, die jede gute Lehrkraft haben sollte. Doch: Wann man ist man eigentlich gerecht?

✓ Übung 4: Sich abgrenzen: Warum hast du nicht nein gesagt?

Sich abzugrenzen ist eine wichtige Fähigkeit im Schulalltag. Wer nicht auch mal nein sagen kann, wird gern öfter als andere gefragt, Aufgaben zu übernehmen. Hilfsbereitschaft kann so zur Schwäche werden und dazu führen, dass sich jemand aufopfert. Mit den folgenden Schritten können Sie sich auf die Spur kommen, was Ihre Fähigkeit angeht, Wünsche und Anliegen anderer Menschen abzulehnen.

So können Sie es üben:

1. Schritt: Inwieweit stimmen Sie den folgenden Aussagen zu?

Es fällt mir leicht, Schülerwünsche abzulehnen, auch wenn diese Wünsche mein Unterrichtskonzept stören.

stimmt nicht *stimmt zum Teil* *stimmt genau*

-5	-4	-3	-2	-1	0	+1	+2	+3	+4	+5

Es fällt mir leicht, dienstliche Wünsche meines Schulleiters abzulehnen, auch wenn ich weiß, dass ich diese Wünsche nicht erfüllen muss.

stimmt nicht *stimmt zum Teil* *stimmt genau*

-5	-4	-3	-2	-1	0	+1	+2	+3	+4	+5

Es fällt mir leicht, dienstliche Wünsche von Kollegen abzulehnen, auch wenn ich weiß, dass ich diese Wünsche nicht erfüllen muss.

stimmt nicht *stimmt zum Teil* *stimmt genau*

-5	-4	-3	-2	-1	0	+1	+2	+3	+4	+5

Es fällt mir leicht, Kollegiumsfeiern fernzubleiben, auch wenn meine Schulleitung mich ausdrücklich bittet, daran teilzunehmen.

stimmt nicht *stimmt zum Teil* *stimmt genau*

-5	-4	-3	-2	-1	0	+1	+2	+3	+4	+5

Es fällt mir leicht, Elternstammtischen fernzubleiben, auch wenn die Eltern mich ausdrücklich bitten, daran teilzunehmen.

stimmt nicht *stimmt zum Teil* *stimmt genau*

-5	-4	-3	-2	-1	0	+1	+2	+3	+4	+5

2. Schritt: Werten Sie Ihre Eintragungen aus und besprechen Sie Ihre Ergebnisse dann mit mindestens zwei Kollegen. Folgende Fragen können helfen: Stellen Sie sich vor, jemand anderes würde Ihre Fähigkeit, nein zu sagen, beurteilen. Was würde er Ihnen sagen? Welchen Personen können Sie besonders leicht oder besonders schwer etwas abschlagen? Woran liegt das?

3. Schritt: Inwieweit möchten Sie an Ihrer Fähigkeit, nein zu sagen, etwas ändern? Was genau möchten Sie ändern? Warum möchten Sie das ändern? Trauen Sie sich die Änderung zu? Wie wollen Sie dabei vorgehen?

© Gerd Altmann auf https://pixabay.com/de

4. Schritt: Üben Sie, nein zu sagen. Dabei können Sie diese sprachlichen Hilfen nutzen:
   (a) Wenn Sie's sehr direkt sagen wollen: „Das möchte ich (jetzt) nicht."
   (b) Wenn Sie's wertschätzend sagen möchten: „Der Vorschlag ehrt mich sehr. Doch im Moment möchte ich dankend ablehnen."
   (c) Wenn Sie's aufschieben wollen: „Die Idee finde ich toll. Aber ich würde gern erst einmal darüber nachdenken."
   (d) Wenn Sie's sich nicht zutrauen: „Darüber habe ich schon nachgedacht. Im Moment kann ich das aber nicht leisten."

(e) Wenn Sie's nur zusammen mit jemand anderem machen würden: „Das interessiert mich schon. Ich würde das gern zusammen mit A umsetzen. Wäre Ihnen das recht?"

Sprechen Sie sich die Sätze, die auf Ihre Situation passen, möglichst oft laut vor. Achten Sie auf die Intonation. Günstig: Stellen Sie sich dazu vor einen Spiegel und üben Sie zugleich Ihre Mimik. Zeigen Sie beim Sprechen ein möglichst freundliches und aufgeschlossenes Gesicht. Gehen Sie erst dann in die reale Situation, wenn Sie Ihren Nein-Satz kongruent sprechen können.

Denkanregungen

- Besonders sozial kompetente Menschen tun sich schwer, anderen Menschen Wünsche abzuschlagen. Wie erklären Sie sich das? Inwieweit trifft diese These auf Sie zu?
- Manchen Menschen fällt es besonders schwer, Kindern Wünsche abzuschlagen. Woran kann das liegen? Inwieweit gilt das für Sie?
- Mit welchen eigenen Gefühlen und Gedanken muss man sich auseinandersetzen, wenn man einen Wunsch ablehnt? Warum ist diese Auseinandersetzung so schwierig?
- Nehmen Sie an, eine Kollegin übernimmt fast alle Aufgaben, die in Ihrer Englischfachschaft anfallen. Was würden Sie dieser Kollegin raten?
- Stellen Sie sich eine Kollegin vor, die grundsätzlich nein sagt, wenn sie Aufgaben in der Schule übernehmen soll. Was denken Sie über diese Kollegin?

Tipps

- Nutzen Sie Rollenspiele, um die Konflikte zwischen den einzelnen Parteien besser darstellen und besprechen zu können.
- Beim Neinsagen entstehen innere Konflikte. Standbilder können helfen, die Struktur solcher Konflikte zu veranschaulichen. Alternativ kann man die Struktur der Konflikte auch malen lassen.
- Lassen Sie Standbilder zu dieser Frage bauen: „Mit welchen Personen oder Personengruppe haben es Lehrkräfte im Schulalltag zu tun? In welchem Verhältnis stehen Sie zu diesen Menschen?" Erörtern Sie mit Hilfe der Standbilder: „Warum ist es so schwer, gegenüber A, B, C… nein zu sagen?"
- Diskutieren Sie mit den Teilnehmenden die Frage: Unter welchen Bedingungen sollte man Wünsche anderer Menschen erfüllen?

✓ Übung 5: Blindflug durch die Schule – Wie führt man Gruppen effektiv?

Ein paar Informationen vorweg:

Effektive Klassenführung ist ein Thema, das jede Lehrkraft kennt. Und die meisten wissen eine Menge darüber, wie man Klassen effektiv führt. Forschungsergebnisse zeigen: Gute Classroom Manager machen auch guten Unterricht. Es besteht also ein innerer Zusammenhang zwischen einer guten Klassenführung und der Unterrichtsqualität (siehe Helmke 2015). Zwar ist gute Klassenführung nicht die einzige Bedingung für guten Unterricht, aber doch eine sehr wesentliche Voraussetzung dafür.

Was können die Lehrkräfte, die ihre Lerngruppen gut führen? Sie unterscheiden sich von weniger qualifizierten Lehrkräften in fünf Bereichen (siehe Eichhorn 2018; Kliebisch / Meloefski 2013a; Meyer 2016; Syring 2016):

Im Einzelnen:

Pädagogische Kompetenz

Fachwissenschaftliche und fachdidaktische Kompetenz ist praktisch die Basis für alle weiteren Lehrertätigkeiten. Dazu gehören außerdem solide Kenntnisse in der Diagnostik von Lernprozessen und natürlich auch Kenntnisse über Möglichkeiten, Klassen effektiv zu führen.

Regelhaftigkeit von Unterricht

Lehrkräfte mit gutem Classroom Management führen in ihren Lerngruppen sehr früh Regeln ein und etablieren Konsequenzen, die dann eintreten, wenn die Lernenden die Regeln missachten. Hierbei geht es etwa um Kommunikationsregeln wie etwa jemandem zuzuhören und ihn ausreden zu lassen, aber auch um Verhaltensregeln: „Wir bleiben während der Stunde an unseren Plätzen." „Während einer Gruppenphase sprechen wir in einer 40-Zentimeter-Distanz."

Rituale und Routinen im Unterricht

Gut geführte Klassen kennen verschiedene Rituale und Routinen und halten diese ein. So kann der Lehrer etwa etablieren, dass ein gewisses Zeichen wie das Erheben einer Hand, das Einnehmen einer bestimmten Position im Raum oder auch der Ton eines Klangstabs für die Klasse Signale sind, ruhig zu werden. Ein anderer Klassiker: Bei gutem Klassenmanagement weiß jeder Lernende beim Start in eine Gruppenphase, welchen Tisch und welchen Stuhl er wohin bewegen muss, damit für die Gruppenphase eine förderliche Kommunikationssituation entsteht.

Umgang mit den Zeitressourcen

Je mehr Lernzeit, desto besser der Unterricht, desto größer der Lernertrag. Lehrkräfte mit gutem Classroom Management beherzigen diese Erkenntnis: Ihr Unterricht ist gut vorbereitet, die Lernumgebung vor dem Unterricht hergerichtet, der Lernprozess verläuft mit Tempo, ohne zu überfordern, Unterrichtsphasen werden smart getrennt und dennoch deutlich gekennzeichnet. Die Lernenden sind nie ohne Aufgabe, sondern stets beschäftigt. Dabei wissen die Schüler zu jeder Zeit, was sie tun sollen und mit welchem Ziel.

Konflikt- und Störmanagement

Oft trifft man in der pädagogischen Diskussion auf ein Missverständnis: Classroom Management wird verengt auf den Umgang mit und das Beheben von Konflikten. Das ist zu einseitig. Richtig aber ist: Der Umgang mit Konflikten und Unterrichtsstörungen ist ein wesentliches Element des Classroom Managements. Lehrkräfte mit gutem Classroom Management nutzen jede Möglichkeit, Störungen und Konflikten vorzubeugen. Treten Konflikte oder Störungen dennoch auf, reagieren die Classroom Manager darauf sofort und unmissverständlich. Dabei vermeiden sie längere Unterbrechungen des Unterrichtsflusses, lagern nötige Gespräche mit Schülern, die stören, eher aus. Bei guten Classroom Managern dient das Konflikt- und Störmanagement so auch dazu, die Lernzeit nicht unnötig zu verringern und damit die Qualität der Lernergebnisse zu sichern (siehe Eichhorn 2018; Knapp 2019).

Mit diesem Hintergrundwissen lassen Sie die Teilnehmenden auf einem Parcours in der Schule oder einem anderen Gebäude das folgende Interaktionsspiel durchführen.

> Bilden Sie Teams mit fünf oder sechs Personen.
>
> Entscheiden Sie in der Gruppe, wer die Gruppen führen möchte oder soll.
>
> Alle Gruppenmitglieder fassen einander an. Die Personen an den Enden der Ketten halten eine Hand frei.
>
> Die Person, die führt, darf entscheiden, an welcher Stelle der Kette, sie sich einordnen möchte.
>
> Während des Spiels darf nur die Person, die führt, ihre Augen geöffnet halten.
>
> Und während der Durchführung darf nicht gesprochen werden.
>
> Die Teams konkurrieren miteinander. Welches Team ist am schnellsten?

Denkanregungen für die Teams

- EA: Lassen Sie reihum jedes Gruppenmitglied ein kurzes (!) Statement zu der Arbeit am „Blindflug“ abgeben. *Was ist mir besonders aufgefallen? Wie habe ich mich verhalten?* Der Beobachter kommt am Schluss an die Reihe. (10 Minuten)
- Werten Sie gemeinsam Ihre Erfahrungen mit Ihrer eigenen Arbeitsgruppe aus. Nehmen Sie dazu an: Sie haben die Aufgabe, einen *Blindflug* durch die Schule zu machen, einer Schülergruppe gegeben. Was wüssten Sie nach der Arbeit über die Gruppe als Ganze, über einzelne Gruppenmitglieder und über deren Verhalten? (höchstens 5 Wörter auf einem DIN A4-Blatt notieren) (15 Minuten)
- Nehmen Sie den „Blindflug“ als Beispiel für Unterricht: Was erwartet eine Schülergruppe wohl von Ihnen, wenn Sie sie unterrichten? Entwickeln Sie drei Erwartungen! (3 Substantive auf einem Flipchart-Blatt für eine spätere Präsentation) (15 Minuten)

Denkanregungen für das Plenum

- Welche Eigenschaften und Fähigkeiten hat Ihrer Meinung nach eine Lehrkraft, die im Unterricht die Zeitabläufe gut organisiert?
- Wie gut hat die führende Person während der Übung individuelle Fähigkeiten der Teammitglieder erkannt und gefördert?
- Welche Kompetenzen muss eine Person haben, die ein Team möglichst störungsfrei von A nach B bringen möchte?
- Wie kann die führende Person dafür sorgen, dass sich die geführten Personen mitgenommen und wertgeschätzt fühlen?

- Was können (und sollten?) die geführten Personen dazu beitragen, die führende Person zu unterstützen?
- Übertragen Sie Ihre Einsichten auf typische Unterrichtssituationen. Welche drei Erkenntnisse möchten Sie mitnehmen?

Tipps

- Der Parcours muss lang genug sein, damit die Beteiligten in ihren Rollen genug Erfahrungen machen können.
- Führen Sie die Übung ein zweites Mal durch: Jetzt haben die Teams beliebig viel Zeit, um den Parcours zu überwinden. Was ändert sich?
- Eine weitere Alternative: Statt einer dürfen zwei Teamglieder führen. Diese beiden sind die Sehenden.

3.2 Souverän wirken

„Wer nicht souverän sein kann, wird leicht diktatorisch."
(Paul Mommertz, deutscher Schriftsteller)

© Gerd Altmann auf https://pixabay.com/de

☑ Darum geht's.

Souverän wirken – Das will jeder und möglichst immer! Das gilt auch für Lehrkräfte. Für sie ist Souveränität manchmal sogar überlebenswichtig: Unruhige Klassen, originelle Schüler, widerspenstige Kollegen und etwas zu eigensinnige Schulleitungen schreien geradezu nach souveränen Lehrern, die das Schlimmste verhüten. Schlimm wird es immer dann, zumindest gefühlt, wenn wir als Lehrer unsere Eigenständigkeit eingeschränkt erleben oder gar verlieren, wenn Freiheit verlorengeht, wo sie gerade noch bestand. Schlimm wird es immer dann, wenn Lehrer die Kontrolle verlieren – über eine Situation und am Ende vielleicht sogar über sich selbst.

Jungen Lehrern wird vieles beigebracht: Wie man Unterricht macht natürlich, wie eine Problemfrage formuliert sein muss und wie man Arbeitsanweisungen so stellt, dass die Klasse nicht schon außer Rand und Band ist, bevor's überhaupt ans Arbeiten geht. Alles wichtig – zweifellos! Aber reicht das? Die naive Annahme, wer methodisch und didaktisch fit ist, ist es auch als Person, entlarvt sich immer wieder als Illusion. Lehrer zu sein ist eben mehr, als dies und das gut zu können. Lehrer zu sein heißt erst einmal Lehrer werden, die neue Rolle lernen und annehmen. Das ist nicht einfach, verlangt das Lehrersein doch mindestens dies: Sich selbst treu zu bleiben und zugleich Schüler zu führen, man selbst zu sein und mit Kollegen und Schulleitungen auf Augenhöhe zu kommen (siehe Kliebisch / Meloefski 2013a).

Lehrerausbildung ist ein hartes Geschäft – vor allem für die, die ausgebildet werden. Klar, dass das an die Substanz geht, an die Persönlichkeit. Vielleicht aber, und das ist eher bedauerlich, geht die Ausbildung viel zu wenig an die Persönlichkeit der jungen Kollegen. Und zwar in dem Sinne, dass sie zu wenig deren Persönlichkeit entwickelt und stattdessen viel zu sehr deren Sachkompetenz in den Blick nimmt. Interessant: Prüfungen besteht man nach wie vor nicht, weil man eine starke Persönlichkeit hat, sondern wenn der Unterricht, den man vorführt, ziel- und ergebnisorientiert ist. Klar, Unterricht soll und muss am kognitiven Output orientiert sein. Ob man mit den Schülern gut auskommt, ob man Beziehungen stiften kann, ob man eine Persönlichkeit hat, an der sich Schüler orientieren können, das alles ist aber mindestens ebenso wichtig, wenn man langfristig effektiv und erfolgreich unterrichten möchte.

Gerade das Entwickeln der eigenen Persönlichkeit ist für Lehrkräfte in der Ausbildung längst noch nicht abgeschlossen. 25- bis 30-jährige junge Menschen, die bis dahin durch Schule und Studium geschleust wurden, sollen nun und ziemlich plötzlich eine ganz andere Rolle spielen: Sie sollen erziehen, Lerngruppen führen, sie sollen Kollege sein und zugleich sind sie immer noch Schüler, die lernen sollen, wie sie guten Unterricht gestalten. Kein Wunder, dass diese jungen Lehrkräfte dabei auf Verhaltensmuster zurückgreifen, die sie gut kennen und mit denen sie erfolgreich waren: Meist sind das Verhaltensweisen, die man auch bei Schülern findet: „Ich muss lernen, damit ich eine gute Note bekomme. Ich muss tun, was meine Ausbilder mir sagen, dann komme ich am besten durch. Ich sollte nicht widersprechen, denn ich habe wahrscheinlich zu wenig Ahnung von der Sache." Und wer doch widerspricht und Fragen stellt: Der muss manchmal damit rechnen, als Quertreiber abgestempelt zu sein. Doch Widersprechen allein ist ja auch noch kein Indiz für eine starke Persönlichkeit (siehe Terhart / Bennewitz / Rothland 2014).

Angesichts der durchaus anspruchsvollen Rollenerwartungen an junge Lehrkräfte bleibt deren Persönlichkeitsentwicklung oft auf der Strecke, steht zumindest nicht gleichrangig neben anderen Aufgaben der Ausbildung. Und doch: Persönlichkeit zu haben ist eine zentrale Kompetenz von Lehrkräften. Jeder weiß das! So erinnert man sich als Erwachsener gerade an Lehrpersonen, viel weniger an deren Unterricht. Und es bleiben uns vor allem die Lehrpersonen gut in Erinnerung, deren Persönlichkeit uns beeindruckt hat. Ein Grund mehr, um auch jungen Lehrern systematischer als üblich eine Auseinandersetzung mit ihrem Verhalten anzubieten. Souverän wirken ist ein Modul, das darauf abzielt, einen wichtigen Aspekt von Persönlichkeit in den Fokus zu rücken. Souveränität ist wichtig. Sie hilft dem, der sie hat, selbstbewusst Orientierung zu geben. Und sie hilft denen, die sie erleben, Orientierung zu finden. Souveräne Lehrkräfte erleben daher eine klassische Win-win-Situation, wenn sie mit Klassen oder Kollegen arbeiten (siehe Helmke 2015).

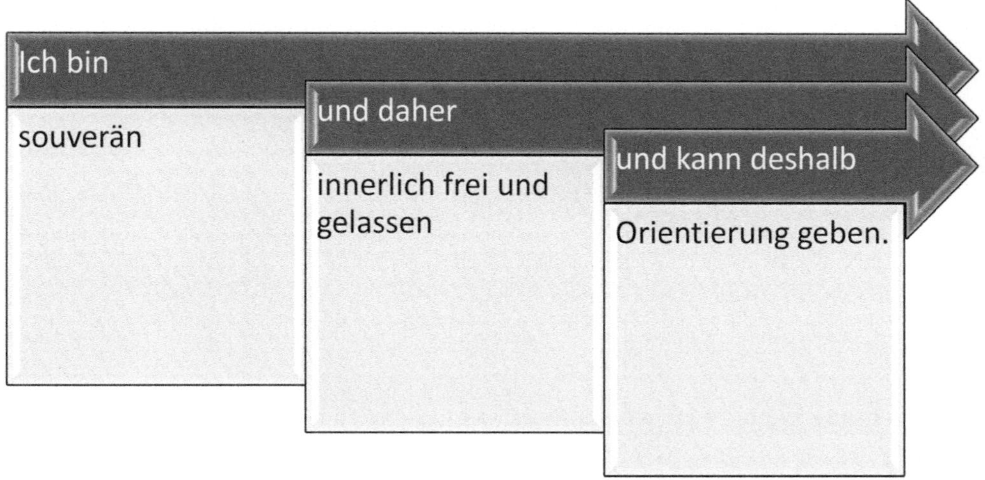

Und: Wer souverän ist, bleibt gelassen, handelt überlegt, wirkt selbstbewusst, weil das Unbewusste ihn ständig an seine Fähigkeiten erinnert (siehe Korz 2018). Wenig souveräne Lehrkräfte neigen zum Übersteuern. Autoritäres Gehabe und Schuldzuweisungen gehören dazu. Souveränität schafft den inneren Freiraum, den Lehrer brauchen, um sich selbst hinreichend wohlzufühlen. Ein Wohlfühlen, das auch dann bestimmend bleibt, wenn Svenja und Oliver heute mal wieder anstrengend sind und partout keine Lust haben, sich mit Mathematik zu beschäftigen. Souveräne Lehrer sind bis zu einem gewissen Grad geschützt, vor allem davor, sich selbst zu wichtig zu nehmen und deshalb den Spielraum der Lernenden einzuschränken. Souverän zu sein ist daher eine wichtige Voraussetzung dafür, Unterricht demokratisch gestalten zu können, ohne die Sorge, dabei als Lehrender unterzugehen.

Doch wie lehrt man Souveränität? Nicht einfach, werden Sie sagen. Richtig. Aber dennoch leichter, als mancher glaubt. Souveränität zu entwickeln ist immer auch eine Auseinandersetzung mit sich selbst, ist immer auch eine Konfrontation mit seinen eigenen, meist selbstgesetzten Grenzen und Möglichkeiten. Souveränität zu entwickeln ist daher nicht einfach ein Lernprozess wie jeder andere, denn Souveränität ist eben ein Persönlichkeitsmerkmal und nicht ein Sachgegenstand wie Kooperatives Lernen oder die Kommunikative Didaktik. Souveränität zu entwickeln gelingt nur, indem ich Erfahrungen mit mir mache und meine Möglichkeiten zu denken und zu handeln erweitere. Das kann manchmal unangenehm sein. Wir sagen immer: Das Maß an Unbehagen, das das Modul *Souverän wirken* auslöst, ist stets umgekehrt proportional zu dem Maß an Persönlichkeit, das man dabei hinzugewinnt. Manche Medizin schmeckt eben bitter, aber gerade dadurch weiß man, dass sie wirkt.

☑ Das können Sie tun.

✓ Übung 1: Playback oder die Kunst, sich zu überwinden

Vorgehen:

Ein wirklich gutes Mittel, um Lehrkräfte an ihre Grenzen zu führen, ist die Übung *Playback*. Inspiriert durch Castingshows und Karaoke-Singen ist den Lehrern heute das Setting nicht fremd, das die Übung vorgibt. Was ist die Aufgabe: Zu einem vorgegebenen Song sollen die Teilnehmenden Playback singen, also ihren Mund bewegen, ohne selbst zu singen. Außerdem sollen sie sich gleichzeitig in der Art einer Bühnenperformance bewegen.

Als Anweisung können zwei Slides dienen:

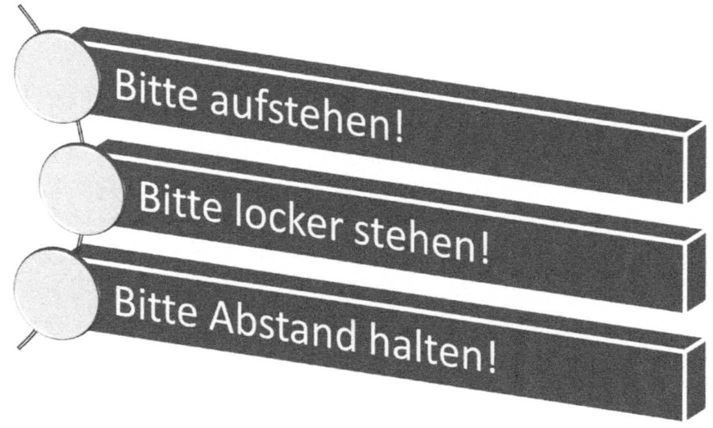

Etwa 20 Sekunden aufblenden. Dann kommt diese Folie:

Lassen Sie den zweiten Slide auch etwa 20 Sekunden stehen. Unmittelbar danach startet auf dem nächsten Slide die Musik, die Sie ausgewählt haben. Animieren Sie den Songtext so, dass er zeitgleich zum Gesang auf der Folie sichtbar ist. So haben alle den Text vor

Augen und das Playback kann gelingen. Welche Songs eignen sich? Am besten nehmen Sie bekannte und rhythmische Schlagermusik. Einige Beispiele:

- Roland Kaiser und Maite Kelly: „Warum hast du nicht nein gesagt“
- Dieter Thomas Kuhn: „Über den Wolken“
- Udo Jürgens: „Aber bitte mit Sahne“

Der erste Playback-Durchlauf fällt den Lehrern meist schwer. Die meisten sind von der Übung überrascht; damit haben sie zu Beginn einer Fortbildung oder Sitzung nicht gerechnet. Verlegen schaut der eine und die andere nach links und rechts: „Was machen wohl die Kollegen?“ Viele kontrollieren ihr eigenes Verhalten noch sehr stark. Das führt zu verhaltenen Bewegungen und auch die Mundbewegungen bleiben eher reduziert. Unabhängig davon macht die schmissige Musik den meisten auch Freude. Man erkennt, wie der Rhythmus belebt. Diese Gesamterfahrung hat uns gelehrt: Immer einen zweiten Durchgang durchführen. Natürlich mit demselben Song. Sie werden merken, um wieviel befreiter die meisten Teilnehmenden jetzt schon agieren. Mancher sucht sich gar einen besonders freien Platz, um seine tänzerischen Fähigkeiten intensiver zu erproben. Und viel weniger Personen schauen jetzt danach, was die übrigen tun. Die Selbstbestimmtheit im Verhalten nimmt deutlich zu und damit auch die Erfahrung der Handelnden, die Situation besser zu kontrollieren.

Was man lernen kann:

- ➢ Souverän aufzutreten ist manchmal unangenehm.
- ➢ Mangelnde Souveränität löst unangenehme Gefühle und Gedanken aus.
- ➢ Ich kann über meinen Schatten springen und die unangenehmen Gefühle und Gedanken kontrollieren.
- ➢ Ich kann lernen, souveräner zu wirken.
- ➢ Ich bin innerlich ruhig, wenn ich souverän bin.
- ➢ Souveränität lässt mich gelassen wirken und handeln.
- ➢ Meine Schüler profitieren davon, dass ich souverän bin.
- ➢ Wer Orientierung souverän gibt, wird eine Gruppe gut führen können.

Denkanregungen

- ➢ Wie haben Sie sich gefühlt, als Sie die Anweisungen zum Playback gehört haben?
- ➢ Welche Gedanken sind Ihnen dabei durch den Kopf gegangen?
- ➢ Inwieweit haben sich Ihre Gedanken und Gefühle geändert, als Sie das erste und zweite Mal Playback gesungen haben?
- ➢ Deuten Sie Ihre Erfahrungen: Was haben Sie über sich gelernt?
- ➢ Tauschen Sie die Erfahrungen mit Ihrem Sitznachbarn (10 Minuten) oder in einer Gruppe aus (15 Minuten).
- ➢ Unsere Veranstaltung heißt „Souverän wirken“. Stellen Sie Zusammenhänge zwischen der Übung und dem Thema unserer Veranstaltung her.
- ➢ Denken Sie an konkrete schulische Situationen: Unterricht, Gespräche mit Kollegen oder der Schulleitung oder auch Konferenzen. Inwiefern könnten die Erfahrungen mit dieser Übung nützen, in solchen Situationen souverän(er) aufzutreten?

Tipps

- ➢ Achten Sie auf eine passende Raumgröße. Jeder Teilnehmer sollte mindestens eine Armlänge Platz haben, um sich während der Übung angemessen bewegen zu können.
- ➢ Technik begeistert nicht immer, sondern kann auch ganz schön nervig sein, wenn sie nicht das tut, was man will. Fürs Gelingen der Übung „Playback" brauchen Sie Technik, die funktioniert: Die Musik muss gut hörbar sein. Und der Songtext muss stets zeitgleich zum Gesang zu lesen sein.
- ➢ Agieren Sie souverän, wenn Sie die Übung ankündigen. Nützlich kann es sein, wenn Sie der Ankündigung eine Ausweichklausel hinzufügen. Etwa so: „Klar, mitmachen ist jetzt angesagt. Aber wer sich das partout nicht zutraut, darf auch gern sitzen bleiben und einfach nur zusehen."
- ➢ Wenn's bei der Übung Aussteiger gibt, sollten auch deren Erfahrungen bei der Auswertung nicht zu kurz kommen: „Könnten Sie uns sagen, was Sie bewogen hat, nicht mitzumachen? Wie schwer ist es Ihnen gefallen, sich an dem Punkt gegen die Mehrheit zu entscheiden und auch so zu verhalten? Was haben Sie aus der Übung gelernt?"

✓ Übung 2: Souverän – Nur eine Sache des äußeren Eindrucks?

Vorgehen:

Wann ist man souverän? Zeigen Sie zu dieser Frage den Anwesenden die beiden Bilder (siehe unten).

© shock – adobe-stock

© arts – adobe-stock

Die Antworten auf diese Frage können sehr unterschiedlich ausfallen: Die einen werden vermuten, dass ein Footballspieler sehr souverän sein muss. Die anderen werden vielleicht sagen: Genau das Gegenteil stimmt; denn dieser Sportler versteckt sich hinter seiner Ausrüstung. Ähnlich kann es beim zweiten Bild sein: Die einen nennen die Lehrerin einfach nur nett und freundlich, die anderen erkennen wohlmöglich in ihrem Gesicht Unsicherheit.

Was man lernen kann:

- Durch äußere Merkmale kann man erreichen, souverän zu wirken.
- Je nach Kleidung, Frisur und Gesichtsausdruck vermittelt man unterschiedliche Eindrücke, die bei den Mitmenschen haften bleiben.
- Die Eindrücke entstehen auch dann, wenn ich mit meinem Auftritt keine klaren Absichten verfolge.
- Jede Lehrkraft sollte daher überlegen: Welche Wirkung genau möchte ich bei wem auslösen?
- Und die Lehrkraft sollte dann genau die Mittel einsetzen, die nötig sind, um die passende Wirkung zu erreichen.
- Wer sich so verhält, ist Profi.

Denkanregungen

- Wie kann man die unterschiedlichen Antworten erklären?
- Inwieweit gibt es einen Zusammenhang zwischen den äußeren Merkmalen eines Menschen und der Fähigkeit, souverän zu handeln?

- Welche Merkmale einer Person lassen uns am ehesten vermuten, sie sei souverän?
- These: „Frisur, Kleidung und Gesichtsausdruck sind besonders wichtig, um einen Eindruck von Souveränität zu erzeugen." Nehmen Sie Stellung.
- „Kleider machen Leute." Inwieweit gilt diese Weisheit auch für das Merkmal Souveränität?
- Inwieweit ist es in der Schule sinnvoll, durch Kleidung und Frisur gezielt auf Wirkung zu setzen?
- In der Schule trifft man Kollegen, die in Jeans im Used Look und Holzfällerhemd unterrichten. Welche Wirkung erzeugt dieser Auftritt wohl bei Schülern?
- Manche Kolleginnen erscheinen im Sommer in sehr kurzen Outfits in der Schule. Welche Wirkung hat das?
- Welche Wirkung möchten Sie bei Ihren Schülern, bei den Kollegen und bei Ihrer Schulleitung erzeugen?
- Was genau könnten Sie tun, um die Wirkung zu erzielen, die Sie sich wünschen?
- Wie lässt sich das Verhältnis zwischen Authentizität und Professionalität beschreiben?

Tipps

- Viele Lehrkräfte möchten, wie sie sagen, auch in der Schule authentisch bleiben. Daher wehren sie sich gegen die Idee, ihr Äußeres oder ihr Verhalten zu ändern. Sie empfinden ziel- und wirkungsorientiertes Auftreten eher als künstlich und lehnen es daher ab. Überzeugen Sie diese Kollegen davon, das Verändern hier Professionalisieren bedeutet.
- Die Reflexion der Übung sollte eher kurz ausfallen. Es reicht, einige Problemkreise nur anzudeuten.

✓ Übung 3: Brille und mehr – Wie der äußere Eindruck wirkt

Vorgehen:

Diese Übung soll zeigen: Wer sein Äußeres nur ein wenig ändert, kann damit beachtliche Wirkungen erzielen. So kann schnell aus einer beliebten eine weniger beliebte Lehrkraft werden – zumindest beim ersten Eindruck.

Die Teilnehmenden halten Papier und Bleistift bereit. Zeigen Sie das erste der beiden Bilder (siehe unten) und stellen Sie die Frage: Welche Eigenschaft trifft am ehesten auf diese Frau zu? Geben Sie dazu zum Beispiel diese vier Möglichkeiten vor, unter denen sich die Teilnehmenden entscheiden sollen:

arrogant	witzig
souverän	hilfsbereit

© pathdoc – fotolia.de

© pathdoc – fotolia.de

Dann wiederholen Sie das Ganze mit dem zweiten Bild. Zum Schluss zeigen Sie beide Bilder gleichzeitig und blenden nochmals die Antwortmöglichkeiten ein.

Die Erfahrung zeigt: Die Damen auf den beiden Bildern werden unterschiedlich charakterisiert. Da beide Bilder dieselbe Person zeigen, kann man folgern: Allein Äußeres definiert unseren ersten Eindruck von Menschen, und dies sogar sehr schnell, praktisch in Bruchteilen von Sekunden haben wir unsere Meinung gebildet (siehe Folta-Schoofs / Ostermann 2019). Das geschieht völlig unabhängig davon, ob wir einen Menschen kennen. Für die Teilnehmenden kann es hilfreich sein, diese Erfahrung auf ihren Alltag in der Schule zu übertragen.

Denkanregungen

- Wie kann man erklären, dass wir sehr schnell ein Urteil über einen anderen Menschen fällen?
- Wir fällen Urteile über andere Menschen, obwohl wir sie nicht näher kennen. Was hilft uns, diese Urteile zu fällen?
- Betrachten Sie sich selbst: Welche Ihrer äußeren Merkmale, welche Ihrer Verhaltensweisen, welche Ihrer Accessoires oder mimischen Aktionen beeindrucken wohl andere Menschen? Und in welche Richtung?
- Was schließen Sie daraus, dass Sie solche Wirkungen auf andere Menschen haben?
- Inwieweit möchten Sie anders wirken, als Sie glauben, dass Sie wirken?
- Wie könnten Sie sich verändern, um die Wirkungen zu erzielen, die Sie sich wünschen?

Tipps

- Tauschen Sie die Listen von Adjektiven zu den Bildern aus. Überlegen Sie andere geeignete Adjektive und wiederholen Sie die Übung.
- Fragen Sie die Teilnehmenden: „Welche der beiden Frauen wirkt souveräner?“ Lassen Sie die Antworten diskutieren, auch mit Blick auf Folgen, die sich daraus für den Schulalltag ergeben.
- Gut ist es oft für die Teilnehmenden auch noch einmal die Perspektive zu wechseln: „Welche Schüler oder Kollegen beeindrucken mich durch ihr äußeres Erscheinen?“ Sensibilisieren Sie die Teilnehmenden für die Wechselwirkung äußerer Merkmale.

✓ Übung 4: Der erste Eindruck zählt. Eine Klasse begrüßen

Vorgehen:

Bevor wir mit der Übung starten, gibt es ein paar Informationen:

Unser Gehirn ist rasend schnell: Nur eine Zehntelsekunde braucht das Gehirn, um ein Urteil über einen Menschen zu fällen. Studien zeigen: Der erste Eindruck bleibt; er ist sehr stabil und stabilisiert sich weiter, hat man mehr Zeit, sich ein Urteil zu bilden. Und der erste Eindruck, den man von jemandem gewinnt, entspricht weitgehend dem, was die Person über sich selbst sagt, wenn man sie nach ihren herausragenden Eigenschaften fragt. Fazit: Der erste Eindruck ist vielfach entscheidend dafür, was ich langfristig von jemandem denke und wie ich dieser Person gegenüber handle. Für Lehrkräfte vielleicht eine fatale Situation: Schon ihr erster Auftritt im Klassenzimmer kann bestimmen, welchen Eindruck die Schüler langfristig von der Lehrkraft haben. Aber genau das ist auch eine Chance, vorausgesetzt natürlich, man nutzt sie.

Worauf achtet das Gehirn, wenn es andere Menschen einschätzt? Zwei Aspekte stehen hier im Vordergrund: (1) Wichtig war es in früheren Zeiten zu wissen, wer mein Freund und wer mein Feind ist. Ein Vertrauensprogramm hilft dem Gehirn dabei, Freund und Feind zu unterscheiden. Unter evolutiven Gesichtspunkten ein überlebensnotwendiges Programm. Die entscheidende Frage dabei: Kann ich diesem Menschen vertrauen? Ist er mir wohlgesonnen oder ist er ein Widersacher? (2) Das zweite Kriterium, das unser Gehirn beim Schnellscan eines Menschen nutzt, ist die soziale Stellung der Person, die man bis dahin nicht kennt: Steht der andere auf der sozialen Leiter über oder unter mir oder ist er mir gleichgeordnet? Ist der andere Mensch mir über- oder unterlegen, sei es körperlich, sei es bezogen auf Wissen und Kompetenz?

Das Gehirn braucht nur einen Moment, um uns sowohl auf die Frage nach der Vertrauenswürdigkeit eines Fremden als auch auf die Frage nach dessen sozialen Status Antworten zu geben. Und die Antworten sind für unser weiteres Verhalten ausschlaggebend. Sie bestimmen, ob wir der anderen Person freundlich oder aggressiv begegnen, ob wir uns ihr zuwenden oder uns eher fernhalten. Bruchteile von Sekunden entscheiden daher auch für eine Lehrkraft bei der Erstbegegnung mit einer Klasse, wie sich die Beziehung zwischen ihr und den Schülern entwickelt. Daher ist das erste Auftreten in einer Klasse von großer Bedeutung. Die Frage: Worauf sollte man achten, wenn man als Lehrer das erste Mal in eine Klasse geht? Klar sind die beiden Ziele für die Lehrkraft: (1) Vertrauen zu erwecken und (2) zugleich zu zeigen, dass man sozial höherrangig ist. Mit ein paar Kompetenzen kann man lernen, beide Ziele zu erreichen.

(a) Aspekt: Stehen

- Stehen Sie frei im Raum. Anlehnen signalisiert: Ich bin unsicher.
- Stehen Sie offen. Souverän wirkt, wer sich nicht verschließt, indem er etwa seine Arme vor der Brust verschränkt.

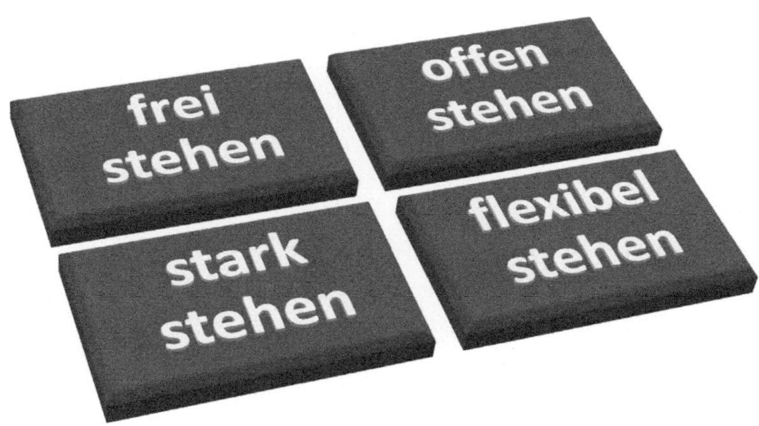

- Stehen Sie stark. Das heißt: Die Beine stellen Sie schulterbreit auf und drücken die Knie fast durch. Stehen Sie so, wirft sie nichts um.
- Stehen Sie flexibel. Nutzen Sie unterschiedliche Positionen im Raum. So markieren Sie das Revier.

Und das Ergebnis: Stabiler und flexibler Stand helfen der Lehrkraft, ihre soziale Höherrangigkeit zu unterstreichen: „Ich bin der Herr im Haus."

(b) Aspekt: Mimik, Gestik und Bewegung

- Lächeln Sie so oft wie möglich – im Unterricht, in Gesprächen. Lächeln zeigt: Ich bin positiv gestimmt und überhaupt nicht angriffslustig. Und: Lächeln steckt an. Sie werden merken, fast immer lächelt die Person zurück, die Sie anlächeln.
- Nutzen Sie den (Klassen)Raum. So können Sie immer anderen Schülern nahe sein und sie individuell betreuen.

- Bewegen Sie sich ruhig und langsam, wenn Sie den Standort wechseln. Das wirkt vertrauenswürdig.
- Ermutigen Sie die Lernenden durch passende Gesten: Sie können etwa beide Arme oberhalb der Gürtellinie und vor dem Körper auf und ab bewegen.

Fazit: Positive Mimik, Gestik und Bewegung helfen der Lehrkraft ihre positive Sozialkompetenz zu unterstreichen: „Ich bin euch freundlich gesonnen und möchte euch helfen."

Und nun die Übung:

> Stellen Sie sich vor, Sie kommen zum ersten Mal in eine Klasse 9. Sie öffnen die Tür und stellen sich dann vor die Gruppe. Begrüßen Sie die Klasse. Lassen Sie sich dafür etwa eine halbe Minute Zeit.

Achten Sie beim Umsetzen auf Ihren Stand sowie auf Mimik, Gestik und – falls nötig – auf Ihre Bewegungen.

Lassen Sie etwa zweimal drei Personen die Übung vor dem Plenum durchführen. Die Zuschauer haben einen Bewertungsbogen, mit dem sie sich zu den Kriterien Stand, Mimik, Gestik, Bewegung Notizen machen können.

Kriterium		Bewertung ☺😐☹	Gründe für die Bewertung
Stand			
Mimik			
Gestik			
Bewegung			

Nach je drei Durchgängen gibt es eine Auswertung:

- Was ist Ihnen aufgefallen?
- Welche Wirkungen haben Sie erlebt?
- Welche Anregungen geben Sie denen, die die Übung gemacht haben?

Denkanregungen

- Weshalb ist es sinnvoll, dass die Lehrkraft sich als sozial höherrangig darstellt?
- Weshalb sollte sich die Lehrkraft als freundlich und zugewandt darstellen?
- Warum ist es für eine Lehrkraft schwierig, sich freundlich und zugleich kompetenter als die Lernenden darzustellen?
- Was würde passieren, wenn Schüler einen Lehrer vor allem als „Freund" erleben würden?
- Welche Reaktionen vermuten Sie bei Schülern, wenn das Verhalten eines Lehrers sich vor allem durch Fachwissen und Fachkompetenz auszeichnet?
- Wie können Sie sich im Unterricht erinnern, frei zu stehen und zu lächeln?
- Welche Tipps würden Sie jemandem geben, der im Unterricht nur wenig lächelt oder sich gern auf Tische setzt beziehungsweise an der Wand anlehnt?

Tipps

- Unterrichtssituationen können unterschiedlich gestimmt sein: Heiter, aber auch sehr ernst. Läuft der Unterricht zielgerichtet, kann sich eine Lehrkraft entspannen und sich offen und freundlich geben. Muss ein Lehrer dagegen einen Schüler ermahnen, sollte er sein Verhalten entsprechend anpassen, indem er durch die Art der Ermahnung seine soziale Höherrangigkeit betont.

➢ Besonders wirkungsvoll ist es, wenn Sie im Unterricht mehrere unserer Anregungen gleichzeitig umsetzen. Also lächeln und frei stehen und ermutigende Gesten nutzen.

✓ Übung 5: Spontan sein: Einen freien Vortrag halten

Vorgehen:

Auch hier ein paar Infos vorweg (siehe auch Kliebisch 2012; Migge 2018):

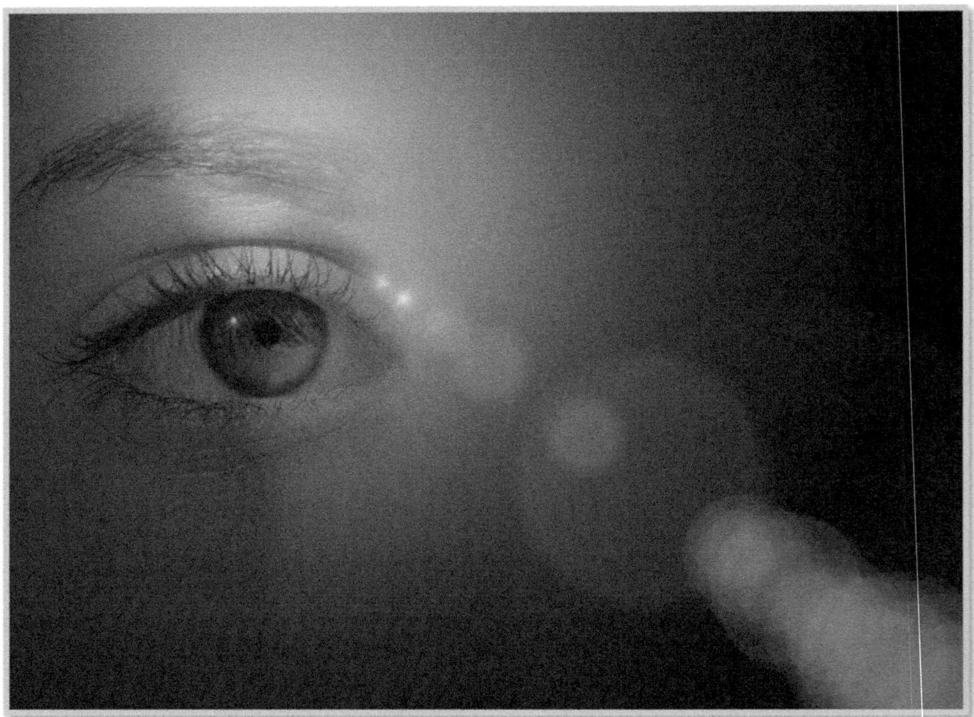

© Gerd Altmann auf https://pixabay.com/de

Aspekt: Blickkontakt

- Bauen Sie Blickkontakt mit der Gruppe auf. Kaum etwas ist schlimmer als Lehrkräfte, die ihre Schüler während des Unterrichts wenig oder fast gar nicht ansehen. Über unsere Augen schaffen wir Kontakt und Beziehung zu anderen Menschen. Augen können traurig, fröhlich, müde oder gelassen wirken. Augen schaffen Stimmung zwischen Menschen. Deshalb heißt die Devise für alle Lehrkräfte: „Augen auf!"
- Halten Sie den Blickkontakt möglichst kontinuierlich aufrecht, den Sie aufgebaut haben. Wenn Sie mit Ihren Augen immer mal wieder ganz woanders sind, unterbricht dies die Beziehung zur Gruppe. Manchmal reicht es schon, sich zum Anschreiben zur Tafel zu wenden, und man hat den Kontakt zur Lerngruppe verloren.

Blickkontakt aufbauen

Blickkontakt halten

auf eine Gesichtshälfte schauen

Klasse im Blick halten

- Schauen Sie immer nur auf eine Gesichtshälfte Ihres Gegenübers, wenn Sie Blickkontakt aufbauen. Versuchen Sie erst gar nicht, jemandem gleichzeitig in beide Augen zu schauen. Das geht schief und Ihr Blick mutiert zum Schielen. Wenn Sie jemandem auf eine Gesichtshälfte schauen, fühlt er sich wirklich angeschaut, ohne in springende Augen seines Gegenübers zu blicken. Nehmen Sie als Orientierung auch das jeweilige Ohr Ihres Gegenübers. Auch dann haben Sie die richtige Blickrichtung und schauen nicht etwa an Ihrem Gegenüber vorbei oder über die Person hinweg.

- Halten Sie die Klasse im Blick. Einmal, um die Beziehung kontinuierlich zu intensivieren, zum anderen auch, weil Blickkontakt Fehlverhalten einzelner Schüler bremsen kann. Wie hält man eine Gruppe im Blick? Indem man seinen Blick möglichst oft schweifen lässt: Mal von links nach rechts, mal von rechts nach links, mal von vorn nach hinten. Das klappt besonders effektiv, wenn Sie während des Unterrichtens hin und wieder Ihren Standort im Klassenraum wechseln.

(b) Aspekt: Wertschätzung und Respekt

- Seien und bleiben Sie freundlich, auch wenn es sicher manchmal schwerfällt. Aber es gilt die Weisheit: Wie man in den Wald hineinruft, so schallt es hinaus. Schüler haben eine wertschätzende und respektvolle Ansprache verdient. Nur so können Sie lernen, sich der Lehrperson gegenüber auch respektvoll zu verhalten. Allerdings: Wertschätzung und Respekt schließen Erziehung nicht aus. Grenzen zu setzen, klare Regeln aufzustellen und Konsequenzen für den Fall anzukündigen und umzusetzen, wenn Schüler Fehlverhalten zeigen, das sollte jede Lehrkraft für selbstverständlich halten.

- Lassen Sie Schülern ihren Raum. Das ist hier ganz wörtlich gemeint. Ein Beispiel: Schüler präsentieren das Ergebnis einer Gruppenarbeit. Dazu kommen sie nach vorn ans Pult und sprechen vor der Gruppe. Was macht die Lehrperson, während die Schüler ihre Ergebnisse vorstellen? Richtig! Am besten setzt sich der Lehrer an einen der Plätze, die frei geworden sind. Wenn Schüler vor einer Gruppe stehen, dann gehört ihnen der Raum vor der Gruppe ganz allein. So lernen sie, das Unbehagen auszuhalten, das so exponierte Positionen mit sich bringen.
- Seien Sie Vorbild, auch sprachlich. Schüler brauchen – heute mehr denn je – sprachliche Vorbilder, um ihre eigene Sprache zu entwickeln. Also: Sprechen Sie stets in ganzen Sätzen, nutzen Sie angemessene Wörter und sprechen Sie hinreichend laut und deutlich. Und: Prüfen Sie als Lehrer, ob Sie sich vielleicht eine sprachliche Unart angewöhnt haben. Etwa ständig „äh" oder „halt" zu sagen. Vielleicht haben Sie aber auch ein anderes Lieblingswort, das sie etwas zu oft nutzen. Was immer Ihnen in diese Richtung auffällt, arbeiten Sie daran, den Mangel zu mindern, am besten zu beseitigen.
- Wählen Sie für Ihren Beruf die passende Kleidung. Seien Sie auch in diesem Punkt ein gutes Vorbild. Über die Jahrzehnte hat sich offenbar die Einstellung der Lehrkräfte zu ihrer Kleidung im Dienst teils deutlich gewandelt. An Gymnasien war es früher üblich, dass männliche Lehrkräfte Anzüge mit Hemd und Krawatte trugen. Heute erscheint so mancher in Schlabberjeans und T-Shirt des Lieblingsvereins, vielleicht dazu noch unrasiert und ungekämmt. Natürlich sollen Sie am Ende selbst entscheiden, was Sie als passende Kleidung empfinden. Doch denken Sie dabei stets an die Wirkung: Was möchte wohl ein Lehrer damit sagen, wenn er im Holzfällerhemd über einer viel zu langen und viel zu weiten Hose Mathematikunterricht macht? Welche Wirkung hat ein solches Outfit auf die Schüler? Und möchte unser Holzfäller-Mathe-Lehrer tatsächlich so wirken, wie er mit seiner Kleidung wirkt?

Und nun die Übung:

Überlegen Sie sich ein Thema, bei dem Sie sich auskennen und über das Sie viel sagen können. Ihre Aufgabe: Halten Sie einen freien Vortrag zu dem Thema, das Sie sich ausgesucht haben. Dauer: Fünf bis zehn Minuten.

Sie haben fünf Minuten Zeit, sich auf den Vortrag vorzubereiten. Notizen als Gedächtnisstütze sind möglich, aber höchstens fünf einzelne Wörter. Berücksichtigen Sie bei Ihrem Vortrag alle Aspekte, die Sie in diesem Kapitel zum souveränen Wirken kennengelernt haben.

Die Zuschauer erhalten diesen Beobachtungsbogen:

Kriterium	Bewertung ☺ 😕 ☹	Gründe für die Bewertung
Stand (frei, offen, stark, flexibel)		
Mimik, Gestik, Bewegung (lächeln, ruhig bewegen, passende und ermutigende Gesten)		
Blickkontakt (Aufbau, Aufrechterhalten, auf einzelne und auf die Gruppe bezogen)		
Wertschätzung und Respekt (freundlich, passende und präzise Sprache)		

Denkanregungen

- Wie deuten Sie es, wenn eine Lehrkraft im Unterricht fortlaufend über die Köpfe der Schüler hinwegschaut?
- Wie wählen Sie den Blickkontakt, wenn Sie einen Schüler während des Unterrichts ermahnen?
- Welche Schüler Ihrer Klasse können Sie sich schnell vor Ihr inneres Auge rufen, welche nicht? Prüfen Sie, ob Ihre Antwort etwas mit Ihrer Blickperspektive in die Klasse zu tun hat.
- Wie stellen Sie sicher, dass sich Ihre Lerngruppen beobachtet fühlen, auch wenn Sie etwas an die Tafel schreiben?
- Worauf genau achten Sie, um freundlich zu wirken?
- Welche Bekleidung bevorzugen Sie im schulischen Alltag? Welche Wirkung möchten Sie mit dieser Kleidung erreichen?
- Worauf achten Sie besonders, um für Ihre Klasse ein sprachliches Vorbild zu sein?
- In welchen Lern- und Arbeitssituationen lassen Sie den Lernenden ganz bewusst ihren Raum? Was genau machen Sie dann?
- Wie zeigen Sie Ihren Schülern, dass Sie sie als Menschen wertschätzen?

Tipps

- Wollen Sie mit angemessener Kleidung bei Ihren Schülern punkten? Dann wechseln Sie die Kleidung so, dass Sie nicht stets gleich aussehen.
- Blickkontakt und Schweigen sind ein gutes Team, wenn Sie dabei mimisch freundlich und offen erscheinen.
- Freundlichkeit hat sicher dann ein Ende, wenn Schüler sich undiszipliniert verhalten. Wichtig: Passen Sie Ihre Mimik der jeweiligen Situation und Stimmung an. So spiegeln Sie die Situation besser und wirken dadurch sympathisch(er).
- Beim Auswerten der Übung sollten die Beobachter stets sowohl Gelungenes benennen als auch Anregungen für Verbesserungen geben.

✓ Übung 6: Nähe und Distanz erleben

Vorgehen:

Einige Infos vorweg:

Lehrkräfte sind im Unterricht mit zwanzig bis dreißig Schülern in einem Raum. Wie selbstverständlich entstehen dadurch räumliche Nähe und räumliche Distanz zwischen dem Lehrer und einzelnen Schülern. Gelingt es dem Lehrer, Nähe und Distanz gezielt zu nutzen, kann er souverän wirken und sein Classroom Management optimieren.

Nähe- und Distanzverhalten gehört zur nonverbalen Kommunikation (siehe Molcho 2009; Strobel-Eisele / Roth 2013). Anders als digitale Kommunikation verläuft nonverbales Kommunizieren oft unterhalb des Bewusstseins, also intuitiv ab. Dennoch reagiert unser Körper darauf. Nähe und Distanz machen hier keine Ausnahme. Allgemein kann man drei Distanzzonen unterscheiden:

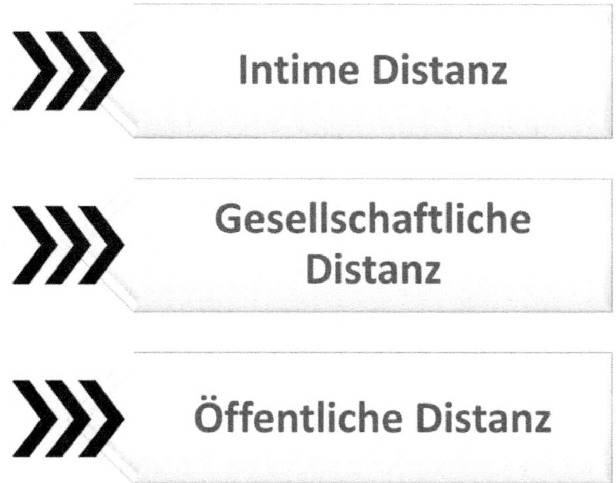

(a) Intime Distanz

Sie reicht von etwa einem halben bis zu eineinhalb Metern. Menschen im angeregten Partyplausch stehen in dieser Entfernung zusammen, aber ebenso gute Freunde oder Familienangehörige. Oft kann man beobachten: Je intensiver das Gespräch wird und je stärker die Gesprächspartner inhaltlich übereinstimmen, desto näher kommen sie sich – ganz im wörtlichen Sinne.

Fremde haben in der Intimzone nichts zu suchen. Dringen sie dennoch in den intimen Kreis ein, reagieren die anderen mit körpersprachlichen Signalen, die Unbehagen bis Abwehr signalisieren. Jede Lehrkraft kennt solche Situationen: Man steht mit einer Kollegin auf dem Flur und unterhält sich intensiv über ein dienstliches Anliegen. In dem Moment fragt eine Achtklässlerin die Kollegin, ob sie ihr ihre Hausaufgaben nachreichen könne. Die beiden, die im Gespräch sind, verändern intuitiv Mimik und Gestik; Muskeln spannen sich an. Die intime Zone wird nur gegen einen inneren Widerstand geöffnet. Andersherum dringen viele Lehrkräfte im Unterricht – vielleicht unwissentlich – in die intime Zone der Schüler ein, etwa wenn sich die Lehrkraft während einer kooperativen Arbeitsphase hinter Schüler stellt und deren Arbeitsverhalten und -ergebnisse kontrolliert. Sofort ändern sich bei den Schülern in diesem Moment der Muskeltonus in Richtung Anspannung, und auch die Aufmerksamkeit richtet sich dann mehr auf die Lehrkraft als auf die Arbeit.

(b) Gesellschaftliche Distanz

Sie reicht von etwa eineinhalb bis zu vier Metern. Der Abstand reicht, um sich unbeobachtet zu fühlen und seine wahre Einstellung durch nonverbale Signale preiszugeben. Viele Schüler haben im Unterricht einen gesellschaftlichen Abstand zur Lehrkraft – oder auch einen noch größeren. Was bedeutet das? Nehmen wir auch hier das Beispiel der Gruppenarbeit: Wenn die Lehrkraft die Schüler konsequent allein arbeiten lässt und sich während der Arbeitsphase am Pult aufhält, neigen Schüler dazu, sich unbeobachtet zu fühlen. Sie werden also eher das tun, was sie tatsächlich beschäftigt, zum Beispiel mit den Gruppenmitgliedern über Dinge zu sprechen, die mit der Arbeitsaufgabe nichts zu tun haben. Lehrkräfte können bei den Schülern dieses Abgleiten in das Gefühl nicht gesehen zu werden oft gut erkennen: Die Schüler verändern dann ihre Mimik und Gestik.

(c) Öffentliche Distanz

Sind die Beteiligen mehr als vier Meter voneinander entfernt, spricht man von öffentlicher Distanz. In größeren Klassenräumen halten Lehrkräfte diese Distanz über weite Teile des Unterrichts ein, zumindest wenn man die Distanz auf einzelne Schüler bezieht. Die öffentliche Distanz erlaubt es, von Weitem zu beobachten, was eine Person tut, wie sie reagiert und welche nonverbalen Signale sie dabei aussendet. Schüler in der letzten Reihe können die Lehrperson daher aus großem Abstand deuten, während Lernende, die in der ersten Reihe sitzen, oft nur eine intime Distanz zum Lehrer haben. Letzteres setzt Lehrer wie Schüler unter Druck; jede Seite fühlt sich durch die intime Distanz stark unter Beobachtung.

Die Übung „Nähe und Distanz erleben" führt die Teilnehmer in unterschiedliche Nähe zu einander. So werden Nähe und Distanz unmittelbar erlebbar. Für die Auswertung ist der Transfer auf typische Situationen im Klassenzimmer wichtig.

Die Gruppe wird halbiert. Die Teilnehmer stellen sich in Reihen einander gegenüber auf, sodass jede Person einen Partner hat. In der Ausgangssituation haben die beiden Reihen einen Abstand von etwa vier Metern.

1. Schritt

Gehen Sie langsam auf Ihren Partner zu. Schauen Sie dabei gezielt an Ihrem Partner vorbei. Bleiben Sie stehen, wenn Ihnen der Abstand zu Ihrem Gegenüber gerade noch angenehm ist. Halten Sie etwa zwanzig Sekunden Blickkontakt und gehen dann rückwärts zurück in die Ausgangsposition.

2. Schritt

Wiederholen Sie Schritt 1. Schauen Sie aber diesmal während der gesamten Übung Ihrem Gegenüber ins Gesicht.

3. Schritt

Gehen Sie erneut langsam auf Ihren Partner zu. Schauen Sie Ihrem Partner dabei ins Gesicht. Bleiben Sie erst stehen, wenn der Abstand zu Ihrem Gegenüber höchstens eine Armlänge beträgt. Halten Sie etwa zwanzig Sekunden Blickkontakt und gehen dann rückwärts zurück in die Ausgangsposition.

Denkanregungen

- Wie haben Sie sich im ersten, zweiten und dritten Schritt der Übung gefühlt? Vergleichen Sie dabei Ihre Wahrnehmungen in den einzelnen Schritten. Sie dürfen sich mit Ihrem Übungspartner austauschen.
- Wie erklären Sie sich Ihre (unterschiedlichen) Wahrnehmungen?
- Übertragen Sie Ihre Ergebnisse auf drei typische Unterrichtssituationen wie etwa: (a) Lehrervortrag, (b) kooperative Arbeitsphase, (c) Unterrichtsgespräch.
- Deuten Sie Ihre Erfahrung mit der Übung aus der Sicht einer Schülergruppe. Stellen Sie die Ergebnisse zusammen mit Ihren eigenen Wahrnehmungen und Erkenntnissen aus der Übung grafisch dar.
- Was möchten Sie als Lehrkraft auf Grundlage der Übung „Nähe und Distanz erleben" ab morgen in Ihrem Unterricht ändern? Was versprechen Sie sich von der Änderung?

Tipps

- Für die Übung brauchen Sie viel Platz. Wenn's im Veranstaltungsraum oder Klassenraum zu eng wird: Nutzen Sie die Turnhalle, die Aula, oder üben Sie im Freien.
- Sie können die Übung durch ein pantomimisches Element ergänzen, das die folgende Choreografie vorbereitet. Die Aufgabe für die Teilnehmenden: Wieder bildet die Gruppe zwei Reihen, sodass jede Person ein Gegenüber hat. Die eine Reihe ist A, die andere B. Zu rhythmischer Musik bewegt sich A auf B zu, bis A die passende Distanz gefunden hat. Nach zwei bis drei Minuten tauschen A und B die Rollen. Bei einem dritten Durchgang bewegen sich A und B gleichzeitig aufeinander zu. Für die Auswertung interessant: Wie haben sich die Gefühle der Beteiligten durch die Musik und die Bewegung geändert?
- Die Übung eignet sich für Schülerinnen und Schüler.

✓ Übung 7: Choreografie – Sich in einer Gruppe bewegen

Vorgehen:

Die letzte Übung in diesem Kapitel ist ein Klassiker. Die Teilnehmer sollen Choreografien entwickeln. Das Ziel: Expressives Verhalten im nonverbalen Bereich. Wer souverän ist, scheut sich nicht, ausdrucksstarkes Verhalten zu zeigen. In einer Gruppe ist dies allerdings meist leichter, als wenn man allein vor Publikum steht.

Und so geht's: Teilen Sie die Gruppe in Teilgruppen zu etwa sechs Personen. Die Aufgabe:

> Entwickeln Sie in Ihrer Gruppe eine Choreografie. Dauer: Etwa drei Minuten. Als Grundlage nutzen Sie bitte einen der folgenden Musiktitel:
>
> - Udo Jürgens: Aber bitte mit Sahne
> - Udo Jürgens: Völlig vernetzt!
> - Udo Jürgens: Mitten im Leben
>
> Wichtig: An Ihrer Choreografie muss man den Text des jeweiligen Musikstücks wiedererkennen können.
>
> Entwickeln Sie außerdem fünf Kriterien, mit deren Hilfe Sie später die Darbietungen der anderen Teilgruppen beurteilen möchten.

Musik und Songtexte sind Grundlage für die Übung. Fürs Entwickeln der Choreografie kalkulieren Sie mindestens 45 Minuten, besser mehr. Danach stellen die Gruppen nach dem Zufallsprinzip ihre Choreografien vor. Die anderen Gruppen beurteilen die Vorführungen anhand der Kriterien, die sie dafür erarbeitet haben, und geben jeweils im Anschluss an die Darbietung Rückmeldungen.

Denkanregungen

- Wie haben Sie sich gefühlt, als Sie die Aufgabe hörten? Wie erklären Sie sich Ihr Empfinden?
- Wie fühlen Sie sich jetzt, nachdem Sie die Choreografie einstudiert und vorgeführt haben? Wie erklären Sie sich die Veränderung, die Sie an sich beobachten?
- „Sie sind während der Übung über sich hinausgewachsen." Inwieweit stimmen Sie dieser These zu?
- „Sie haben sich bei der Vorführung der Gruppenchoreografie souverän gefühlt." Inwieweit trifft die Aussage auf Sie zu?
- Welche Vor- und Nachteile sehen Sie in einer Gruppenchoreografie im Vergleich zu einer Einzeldarbietung?
- Auf welche Situationen in der Schule lassen sich Ihre Erfahrungen mit der Übung übertragen?
- In welchen Unterrichtssituationen oder anderen Situationen im Schulalltag können Sie Ihre Erfahrungen mit der Choreografie praktisch nutzen?
- Sie haben in Ihrer Teilgruppe Kriterien entwickelt, mit denen Sie die Ergebnisse der übrigen Gruppen beurteilt haben. Warum haben Sie gerade diese Kriterien gewählt?
- Inwieweit würden Sie die Übung Choreografie auch mit Schülern durchführen? Welche Ziele hätten Sie dabei?

Tipps

- Für die Übung „Choreografie" brauchen Sie viel Platz. Günstig ist es auch, für die Vorbereitung mehrere Räume zu nutzen.
- Nach aller Erfahrung kann die Qualität der Choreografien sehr unterschiedlich sein. Würdigen Sie jede Leistung positiv, um die Entwicklung der Teilnehmenden zu fördern. Unterstützen Sie aber auch mit Anregungen, soweit die Teilgruppen dies durch ihre Rückmeldung nicht hinreichend tun.
- Eine höhere Teilnehmerorientierung erreichen Sie, wenn Sie die Gruppen die Musik für Ihre Choreografie selbst auswählen lassen. Dafür muss aber in der Regel die Aufgabe frühzeitig bekannt sein. Das wiederum nimmt der Situation den Überraschungseffekt. Achten Sie darauf, dass die ausgewählten Lieder für die Aufgabenstellung geeignet sind.
- Bei der Vorbereitung der Choreografie wie auch bei der Vorführung selbst müssen die technischen Voraussetzungen stimmen. Klappt das nicht, sind die Teilnehmenden meist sehr enttäuscht.

3.3 Gespräche führen

„Man kann nicht kommunizieren.“
(Paul Watzlawick,
österreichischer Kommunikationswissenschaftler)

☑ Darum geht's.

Lehrkräfte sind professionelle Kommunikatoren. Zumindest erwartet man das. Allerdings schließt das keineswegs ein, dass Lehrkräfte eine wirklich solide Ausbildung darin erhalten, wie man professionell kommuniziert. In dem Bereich kann man den Eindruck gewinnen, das Prinzip Do-it-Yourself hat den Vorrang vor konstruktiver Unterweisung.

Professionell und nicht nur intuitiv zu kommunizieren ist in vielen Situationen im Schulalltag von Belag: An erster Stelle steht hier vielleicht der Unterricht; dann sind es Beratungsgespräche, die die Kommunikationsfähigkeit der Lehrkräfte fordern, und ebenso viele kollegiale Gespräche, sei es im Dialog oder auch in Konferenzen. Fragt man nach den zentralen Merkmalen eines guten Gesprächs, fällt meist sofort das Stichwort Zuhören. Offenbar erwarten viele Menschen von einem guten Gesprächspartner, dass er gut zuhören kann.

Und in der Tat: Die Neigung, andere Menschen im Gespräch zu übertönen, sie nicht oder nur unvollständig zu Wort kommen zu lassen, ist eine Untugend, die einem oft begegnet.

Vielleicht bei Lehrern sogar besonders oft. Schließlich wissen sie oft Bescheid, wissen, was richtig ist, zumindest wenn sie mit Schülern reden. Dominantes Gesprächsverhalten hat Nachteile: Das Gegenüber fühlt sich meist nicht angemessen wertgeschätzt, fühlt sich vielleicht sogar übergangen oder übervorteilt, oft aber mindestens unverstanden. Alles keine guten Voraussetzungen für gelingende Kommunikation (siehe Nichols 2018; Schulz von Thun 2019).

(a) Aspekt Zuhören

Wie hört man richtig zu? Beim Zuhören unterscheidet man gern zwischen Paraphrasieren sowie aktivem und passivem Zuhören.

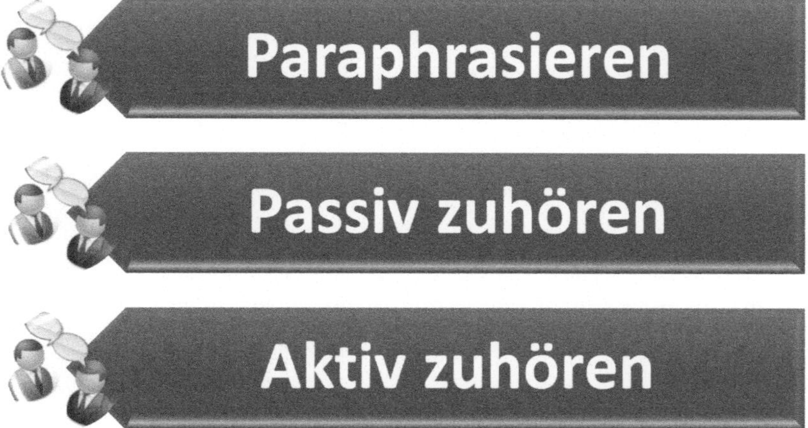

- **Paraphrasieren**

Beim Paraphrasieren gibt man den Inhalt des Gehörten mit eigenen Worten wieder. Also: Das Paraphrasieren enthält weder Deutungen noch Erklärungen oder Ergänzungen. Der, der paraphrasiert fügt also keinen neuen Inhalt hinzu, sondern wiederholt den Inhalt so, wie er ihn verstanden hat. Ein Beispiel:

„Ich habe heute viel Stress. Ich muss noch ein Referat vorbereiten. Dann noch die Hausaufgabe für das Fachseminar. Das ist zu viel. Das packe ich nicht."

Paraphrase: „Du musst heute noch eine Menge Aufgaben erledigen, unter anderem noch ein Referat anfertigen." Gleichzeitig: Blickkontakt halten und Aufmerksamkeit zeigen.

Nach der Paraphrase kann der Gesprächspartner entscheiden: Bin ich verstanden worden? Gegebenenfalls kann er korrigieren, wenn sich Missverständnisse eingeschlichen haben sollten.

- **Passives Zuhören**

Das Passive Zuhören ist ein wichtiges Instrument in der Kommunikation, dessen Wirkung oft unterschätzt wird. Beim Passiven Zuhören schweigt die Person. Zugleich zeigt sie aktiv Anteilnahme. Dies kann zum Beispiel durch Mimik und Gestik geschehen oder auch durch Aufmerksamkeitsreaktionen wie „Ah", „Hm," „Ahja". Wichtig in der Zeit unbedingt Blickkontakt halten, damit der Sprecher stets das Gefühl hat, ernst genommen zu werden.

- **Aktives Zuhören**

Beim Aktiven Zuhören nutzt man sowohl den Inhalt des Gehörten als auch die Gefühle, die man erkennt. Manchmal ist es schwierig die Gefühle eines Sprechers unmittelbar zu erkennen. Natürlich fällt es leicht, das Gefühl zu erkennen, wenn jemand während des Redens herzlich lacht oder bitterlich weint. Formuliert jemand aber einen bedeutungsvollen Satz und zeigt dabei ein Pokerface, kann man nur vermuten, mit welchen Gefühlen die Information für den Sprecher verknüpft ist. Beim aktiven Zuhören deutet man, welche Gefühle hinter der Fassade stecken können, und meldet sie dem Sprecher zusammen mit dem Inhalt des Gesprochenen zurück. Auch hierzu ein Beispiel:

(b) Aspekt Fragen stellen

Nicht nur im Unterricht, sondern auch in anderen Kontexten gehören Fragen zu einem guten Gespräch. Vorausgesetzt natürlich, die Fragen sind sinnvoll und zielführend. Lehrer stellen viele Fragen, manchmal sicher zu viele, vor allem zu viele hintereinander ohne abzuwarten, bis die Schüler nachgedacht und Antworten gefunden haben. Doch: Fragen ist nicht gleich Fragen. Welche Fragearten sind nützlich? Drei stellen wir Ihnen vor (siehe auch Kliebisch 2012; Kanitz / Scharlau 2018):

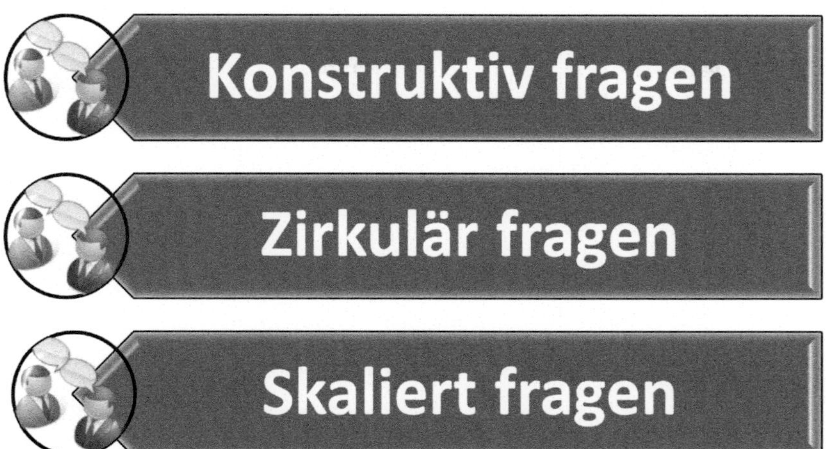

- **Konstruktive Fragen**

Was sind konstruktive Fragen? Es sind die Fragen, die mit einem Fragewort wie Wer?, Was? oder Wo? beginnen. Wer auf konstruktive Fragen antwortet, wird die Antwort im wörtlichen Sinne konstruieren. Die Konstruktion kann sowohl auf reale Ereignisse bezogen sein als auch auf nur vorgestellte. Was man tatsächlich erlebt hat, (re)konstruiert man, was man (noch) nicht erlebt hat, sich vielleicht nur wünscht, antizipiert man. Ein Beispiel:

Aussage: „Aus meiner Sicht ist das Kooperative Lernen idiotisch."

Konstruktiv fragen: „Was genau findest du daran idiotisch?"

W-Fragen zielen stets auf das Ausgelassene, auf das, was der Sprecher bewusst oder unbewusst weglässt. Antworten auf konstruktive Fragen präziseren also das, was der Sprecher schon gesagt hat. W-Fragen kombiniert man daher gern mit dem Wort „genau", um den Wunsch nach Präzisierung zu unterstreichen.

- **Zirkuläre Fragen**

Zirkuläre Fragen kommen aus der Systemtheorie und systemischen Therapie. Eine zirkuläre Frage hilft dem, der antworten soll, die Perspektive zu wechseln, gleichsam um die Ecke und aus einer anderen Sicht zu antworten. Zwei Beispiele:

„Aus meiner Sicht ist das Kooperative Lernen idiotisch."

Zirkulär fragen: „Nimm mal an, jemand sagt ja zum Kooperativen Lernen. Welche Argumente hätte er?"

Oder:

„Aus meiner Sicht ist das Kooperative Lernen idiotisch."

Zirkuär fragen: „Wie würden deine Schülerinnen und Schüler über Kooperatives Lernen denken?"

Das Ändern des Blickwinkels kann helfen, weitere Perspektiven einzubeziehen. Unter systemischen Gesichtspunkten ist das eine wichtige Voraussetzung dafür, sich untereinander besser zu verstehen und zu akzeptieren.

- **Skaliert Fragen**

Skalierungsfragen beziehen sich auf Phänomene, die objektiv nur schwer erfassbar sind. Das Maß an Zustimmung oder Ablehnung, die man einer Sache gegenüber empfindet, die Qualität eines Gefühls wie Ärger, Misstrauen, Freude oder Begeisterung. Ein Beispiel:

Aussage: „Aus meiner Sicht ist das Kooperative Lernen idiotisch."

Skaliert fragen: „Wie idiotisch ist das Kooperative Lernen? Nehmen wir eine Skala von 1 bis 10. 1 heißt kaum idiotisch, 10 meint total idiotisch."

Skalierungsfragen sind auch geeignet, Entwicklungen zu präzisieren, denen ein objektiver Maßstab fehlt. So können Schüler etwa damit ihre Lernfortschritte beschreiben und Lehrkräfte in Ausbildung zum Beispiel ihre Fortschritte beim schriftlichen Planen von Unterricht erläutern und dokumentieren. Skalierungsfragen machen großen Sinn im Bereich der Selbstevaluation, etwa mit Hilfe eines Portfolios.

(c) Aspekt Impulse

Impulse haben in Gesprächen vor allem zwei Funktionen:

Impulse sind keine Fragen; Impulse sind sprachliche Anregungen zum Denken. Die Art der Impulse bestimmt, in welche Richtung gedacht werden soll: Horizontal oder vertikal.

- **Vertiefen**

Impulse zur Vertiefung fordern auf, einen Sachverhalt genauer und ausführlicher zu beschreiben oder zu analysieren. Ein Beispiel:

Aussage: „Aus meiner Sicht ist das Kooperative Lernen idiotisch."

Vertiefen: „Ich würde das gern mal zum Thema machen: Überlegen Sie bitte, was am Kooperativen Lernen idiotisch ist."

Das Vertiefen eines Aspekts trägt zur besseren Klärung von Aussagen und Behauptungen bei und es verhindert, dass das Gespräch sprunghaft und wenig effektiv verläuft. Was vertieft wird, entscheidet in der Regel der Lehrer.

- **Weiterführen**

Impulse zur Weiterführung helfen, den Horizont des Gesprächs zu erweitern und die Sache, die in Rede steht, in einen neuen, manchmal größeren Zusammenhang zu stellen. Unser Beispiel:

Aussage: „Aus meiner Sicht ist das Kooperative Lernen idiotisch."

Weiterführen: „Eine interessante Überlegung. Wir könnten das mal überprüfen: Vergleichen Sie bitte das Kooperative Lernen mit üblicher Gruppenarbeit. Der Vergleichspunkt: Die Verantwortung der Gruppenmitglieder für das Gruppenergebnis."

Durch das Vergrößern des Denkhorizonts vermeidet man, dass sich das Gespräch an einer Stelle verhalt und um sich selbst dreht. Der größere Horizont ermöglicht, weitere Aspekte ins Gespräch einzubringen. Das Weiterführen hilft so einmal den Gesprächsteilnehmern, die zu einem bestimmten Aspekt wenig bis gar nichts beitragen können, zum anderen aber auch allen anderen, ihre Kompetenzen durch Vernetzen weiterzuentwickeln.

(d) Aspekt Moderieren

Hierbei handelt es sich um die Königsdisziplin der Gesprächsführung (siehe Kanitz 2018). Moderationskompetenz brauchen Lehrkräfte immer dann im Unterricht, wenn sie längere Gesprächsphasen zielführend gestalten wollen. Vom Prinzip heißt Moderieren, gedankliche Trichter bauen. Das sieht so aus:

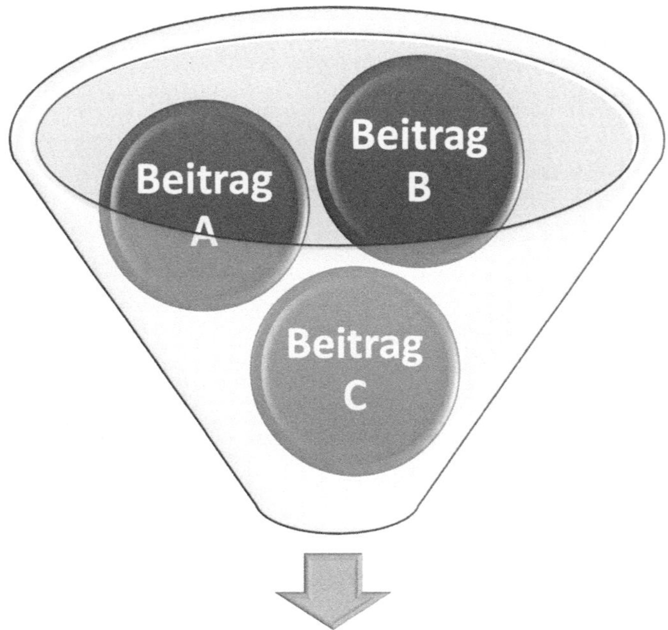

Strukturieren

Und so geht es: Stellen Sie eine Frage oder geben Sie einen Impuls. Hören Sie sich dann mehrere, mindestens drei bis fünf Beiträge Ihrer Schüler passiv an. Wichtig: Hören Sie dabei heraus, welche Beiträge in die Richtung zielen, die Sie inhaltlich geplant haben. Dann intervenieren Sie, indem Sie das Gesagte paraphrasierend, vielleicht auch aktiv zuhörend zusammenfassen und sofort durch eine Frage oder einen Impuls weiter in die gedankliche Richtung führen, die Sie mit Blick auf die Kompetenzentwicklung der Schüler vorgesehen haben. So strukturieren Sie das Gespräch. Sie setzen sozusagen Trichter auf Trichter (siehe Abbildung). Beim Moderieren kommen alle Techniken zusammen: Sie müssen zuhören, stellen Fragen, paraphrasieren und geben Impulse. Je weniger Sie dabei sprechen, desto besser für den Gesprächsverlauf.

☑ Das können Sie tun.

✓ Übung 1: Aktiv zuhören und paraphrasieren

Vorgehen:

Lassen Sie das Arbeitsblatt in Einzelarbeit bearbeiten:

Lesen Sie die folgenden Schüleräußerungen. Überlegen Sie, wie Sie darauf mit paraphrasierendem und aktivem Zuhören reagieren könnten. Notieren Sie Ihre Äußerungen.

- „Ich habe da schon so viel Energie reingesteckt. Aber das hat alles nichts gebracht. Ich glaub', ich schaff' das dieses Jahr nicht."

  . . . .

  . . . .

- „Wenn ich eine Arbeit schreiben muss, hab' ich schon Tage vorher ein schlechtes Gefühl. Ich krieg' dann immer Durchfall und auch sonst bin ich ganz schlecht drauf."

  . . . .

  . . . .

- „Ich habe das schon so oft gehört: Mach' deine Aufgaben, sobald du nach Hause kommst. Aber ich krieg' das einfach nicht gebacken. Ich weiß auch nicht, was ich machen soll."

  . . . .

  . . . .

- „Meine Perspektive mit zwei Fünfen ist doch wohl gleich null. Wie wollen Sie mir denn da helfen? Das hab' ich doch ganz allein verbockt und das muss ich wohl auch ganz allein wieder ausbaden."

  . . . .

  . . . .

- „Ich hab' da ein Problem. Irgendwie versteht mich meine Freundin nicht. Ich weiß auch nicht, was da läuft. Das ist doch so lange gut gegangen. Warum jetzt nicht mehr? Ich blick' da nicht durch."

  . . . .

  . . . .

- „Philipp hat mich wieder mit Kreide beworfen. Und Anja und Claudia werfen auch immer irgendwelches Zeug durch die Gegend, das ich dann abkrieg'. Da hab' ich zurückgeschlagen. Ich weiß auch nicht, wie das passiert ist."

  . . . .

  . . . .

- „Wenn man so viel erlebt hat wie ich, kann man den Mut schon verlieren. Ich möchte mich ja ändern. Aber wie soll ich das denn machen? Ich stell' mir immer vor, was dabei rauskommt. Ich weiß nicht …"

  . . . .

  . . . .

Denkanregungen

- Worauf achten Sie beim Gehörten besonders, wenn Sie aktiv zuhören wollen?
- Worin liegt für Sie die größte Schwierigkeit beim Paraphrasieren?
- In welchen Unterrichtssituationen könnte es nützlich sein, wenn Schüler aktiv zuhören und / oder paraphrasieren?

Tipps

- Aktives Zuhören und Paraphrasieren sind nie Selbstzweck. Als alleinige Techniken werden sie in einem Gespräch bald zu einem stumpfen Schwert.
- Paraphrasieren Sie korrekt. Das heißt vor allem mit einfachen und eigenen Worten.
- In realen Gesprächssituationen gehören daher Fragen und Impulse mit ins Repertoire jedes Gesprächsteilnehmers.

✓ Übung 2: Fragen stellen

Vorgehen:

In der linken Spalte der Tabelle stehen Aussagen, wie sie im Alltag vorkommen können. Formulieren Sie in der rechten Spalte Fragen, die man an die Aussagen stellen könnte.

Bearbeiten Sie das Blatt zunächst allein. Tauschen Sie sich dann mit einem Partner oder in der Gruppe aus.

Aussagen	Mögliche Fragen (Mindestens drei)
1. „Ich bin aufgeregt!"	1. 2. 3.
2. „Ich weiß nicht, wie ich mich verhalten soll."	1. 2. 3.
3. „Ich mag keine unpünktlichen Menschen."	1. 2. 3.
4. „Arrogante Menschen machen mich wütend."	1. 2. 3.
5. „Kolleginnen sind schlimm."	1. 2. 3.
6. „Faule Schüler nerven mich."	1. 2. 3.
7. „Schlechte Schülerinnen machen mir Sorge."	1. 2. 3.
8. „Manche Schüler schaffen das nicht."	1. 2. 3.
9. „Reden vor der Klasse fällt mir schwer."	1. 2. 3.

10. „Die Schule stinkt mir.“	1. 2. 3.
11. „Im Referendariat habe ich ständig viel zu viel zu tun. Das regt mich inzwischen sehr auf.“	1. 2. 3.
12. „In manchen Unterrichtssituationen weiß ich wirklich nicht mehr, was ich machen soll.“	1. 2. 3.
13. „Es ist doch unglaublich, wie sich der Kollege X benimmt. Finden Sie das nicht auch?“	1. 2. 3.
14. „Gesprächstechniken zu beherrschen ist eine gute Voraussetzung für gute Unterrichtsgespräche.“	1. 2. 3.
15. „Nicht alles ist Gold, was glänzt. Das fällt mir in der Klasse 9 A immer ganz besonders auf.“	1. 2. 3.

Denkanregungen

- Welche Arten von Fragen haben Sie besonders oft gestellt? Wie erklären Sie sich das?
- Lesen Sie in der Tabelle oben nochmals die Aussage unter Nummer 12. Formulieren Sie jetzt mindestens zwei weitere konstruktive, zwei weitere zirkuläre und zwei weitere Skalierungsfragen.
- Hospitieren Sie im Unterricht einer anderen Lehrkraft und lassen Sie sich selbst hospitieren. Thema: Die Fragetechnik der jeweiligen Lehrkraft. Mögliche Aspekte: Zählen Sie die Anzahl der Fragen in der Stunde. Ordnen Sie die Fragen, die gestellt wurden, den Fragetypen zu. Beurteilen Sie die Präzision der Fragen.

Tipps

- Fragen zu stellen scheint besonders leicht. Jeder kann es – zumindest irgendwie. Gute Fragen sind einzeln gestellte Fragen, nicht ganze Batterien von Fragen, die nacheinander oder in kurzer Zeit abgefeuert werden. Beobachten Sie Ihr Frageverhalten nach dem Motto: Weniger ist meist sehr viel mehr.
- Vergessen Sie nicht: Wer fragt, der führt. Im Zweifel auch Sie selbst. Prüfen Sie daher: Wollen Sie in der jeweiligen Gesprächsphase wirklich führen? Oder liegt Ihnen mehr an einer symmetrischen Gesprächssituation? Verändern Sie Ihr Verhalten, indem Sie stärker mitreden, vertiefen oder weiterführen statt zu fragen. Und: Spiegeln Sie so oft und so lange es Ihnen sinnvoll erscheint.

✓ Übung 3: Kontrollierter Dialog

Vorgehen:

Bilden Sie Kleingruppen zu vier Personen. Teilen Sie dann dieses Arbeitsblatt aus:

Grundlagen

A und B sind Gesprächspartner; C, D … sind Beobachter. Die Beobachter nutzen den Beobachtungsbogen.

A und B sprechen über das Thema: „Das Referendariat – eine große Anstrengung."

Übung

Gesprächsführung: Dauer etwa 6 bis 8 Minuten

→ A macht eine Aussage.

→ B hört passiv, dann aktiv zu = wiederholt As Aussage sinngemäß und spiegelt ein Gefühl, das B aus der Aussage herausgehört hat.

→ A bestätigt, dass B sie / ihn richtig verstanden hat oder korrigiert B.

→ B äußert sich zu der Aussage von A.

→ A hört passiv, dann aktiv zu = wiederholt Bs Aussage sinngemäß und spiegelt ein Gefühl, das B aus der Aussage herausgehört hat.

→ B bestätigt, dass A sie / ihn richtig verstanden hat oder korrigiert A.

usw.

Dann:

Zweimal Rollentausch = Zwei andere Gruppenmitglieder sind Gesprächspartner. Bei fünf Gruppenmitgliedern nimmt eine Person zweimal am Gespräch teil.

Danach:

Auswertung: Dauer: ca. 10 Minuten.

Alle geben reihum kurz (!) ihre Eindrücke wieder.

Am Schluss:

Plakat (GA): Notieren Sie mit höchstens fünf (vernetzten) Stichwörtern (Selbst-)Einsichten, Fragen, Probleme und / oder Tipps für Unterrichtsgespräche.

Denkanregungen

- Was ist Ihnen bei der Übung leicht-, was ist Ihnen eher schwergefallen?
- Wie gut schätzen Sie nach der Übung Ihre Fähigkeit ein zuzuhören? Nutzen Sie zur Selbsteinschätzung eine Skala von 1 bis 10. 1 meint „sehr schlecht“, 10 heißt „top“.
- Wie haben Sie als Person, die erzählt, erlebt, gespiegelt zu werden?
- Wie erfolgreich waren Sie beim Spiegeln Ihres Gegenübers?
- Woran genau haben Sie gemerkt oder gefühlt, dass Sie erfolgreich gespiegelt hatten?
- Die Übung „Kontrollierter Dialog“ entschleunigt das Gespräch. Wozu dient das Ihrer Meinung?
- Welche neuen Erfahrungen – auch über sich selbst – haben Sie durch diese Entschleunigung gemacht?
- Inwieweit würden Sie diese Übung auch mit einer Schülergruppe durchführen? Zu welchen Anlässen würde sich diese Übung anbieten?

Tipps

- Viele, die die Übung zum ersten Mal durchführen, machen eine zentrale Erfahrung: Es ist schwierig, sich in einem Gespräch inhaltlich zurückzunehmen, indem man nur oder lange zuhört. Wer wenig zuhört, kann manches missverstehen oder wird vielleicht als arrogant und vorlaut beschrieben. Daher: Prüfen Sie Ihr eigenes Verhalten während der Übung und ziehen Sie Schlüsse daraus.
- Aus unserer Erfahrung kann man die Übung Kontrollierter Dialog auch gut mit Schülern durchführen. Gutes Zuhören ist etwa für Partner- oder Gruppenphasen besonders wichtig. Allgemein: Trainieren Sie mit Schülern deren Gesprächsverhalten.

✓ Übung 4: Gesteuerter Dialog

Bilden Sie Kleingruppen zu vier Personen. Teilen Sie dann dieses Arbeitsblatt aus:

Grundlagen

A und B sind Gesprächspartner; C, D ... sind Beobachter. Die Beobachter nutzen den Beobachtungsbogen. B wählt eines der folgenden Themen:

- Was ich als Lehrerin oder Lehrer erreichen möchte ...
- Was ich unter Schülerorientierung verstehe ...
- Wie gehe ich mit Schülerinnen und Schülern um, die im Unterricht schweigen ...
- Welche Lerngruppe mir im Moment die größte Freude macht ...

Übung

Gesprächsführung: Dauer etwa 6 bis 8 Minuten

→ A steuert das Gespräch: A paraphrasiert, hört passiv und aktiv zu, nutzt Fragen und setzt Impulse. Das Ziel: So viel wie möglich von dem zu erfahren, was B über sein Thema weiß. A interveniert während des Dialogs mindestens fünfmal.

→ B reagiert auf As Interventionen.

Dann:

Zweimal Rollentausch = Zwei andere Gruppenmitglieder sind Gesprächspartner. Bei fünf Gruppenmitgliedern nimmt eine Person zweimal am Gespräch teil.

Danach:

Auswertung: Dauer: etwa 10 Minuten.

Alle geben reihum kurz (!) ihre Eindrücke wieder.

Am Schluss:

Plakat (GA): Notieren Sie mit höchstens fünf (vernetzten) Stichwörtern (Selbst-)Einsichten, Fragen, Probleme und / oder Tipps für Unterrichtsgespräche in der Schule.

Denkanregungen

- Wie leicht ist es Ihnen gefallen, erst ausführlich zuzuhören, bevor Sie zum Beispiel Fragen gestellt haben? Deuten Sie Ihre Erfahrung.

- Welche Techniken sind während des gesteuerten Dialogs am häufigsten angewandt worden? Was sagt Ihnen das?

- Wenn Sie A waren: Wie haben Sie B erlebt? Was hat Ihnen an Bs Gesprächsverhalten gefallen, was weniger? Wieviel haben Sie inhaltlich zum Gespräch beigetragen? Wie angemessen finden Sie das Maß Ihrer inhaltlichen Beiträge?

- Wenn Sie B waren: Wie wertgeschätzt haben Sie sich erlebt? Woran lag das wohl? Wie könnte man das ändern?

Tipps

- Unsere Erfahrung zeigt: Während der Übung ist A oft mehr damit beschäftigt, eigene Erfahrungen, Wertungen und Hilfen einzubringen, statt sich auf das Anwenden der Gesprächstechniken zu konzentrieren. Hier handelt es sich oft um das Zurückfallen in alte Muster, die lange internalisiert sind. Was hilft dagegen: Die Übung ein zweites und ein drittes Mal durchführen zu lassen.

- Wenn Sie Ihr eigenes Gesprächsverhalten (etwa im Unterricht) verbessern wollen: Packen Sie nicht alles gleichzeitig an, sondern eins nach dem anderen. Also: Erst geht's zum Beispiel daran, Schülerbeiträge viel öfter als bisher zu paraphrasieren. Trainieren Sie eine Woche. Erst dann setzen Sie sich ein neues Ziel.

- Wer sein Gesprächsverhalten im Unterricht trainiert, kann sich von Kollegen helfen lassen. Bitten Sie einen Kollegen in Ihrem Unterricht zu hospitieren. Geben Sie ihm einen Beobachtungsbogen, auf dem er notieren und beurteilen kann, welche Techniken Sie wie oft und wie gut anwenden.

✓ Übung 5: Moderieren

Bilden Sie Gruppen zu sechs bis zehn Personen. Teilen Sie dann dieses Arbeitsblatt aus:

Grundlagen

A ist Lehrerin bzw. Lehrer (= Moderatorin oder Moderator); B, C, D ... sind Gesprächsteilnehmerinnen und -teilnehmer. Bei fünf Gruppenmitgliedern ist ein Gruppenmitglied Beobachter, bei mehr als fünf Gruppenmitgliedern gibt es zwei Beobachter. Der / Die Beobachter nutzt / nutzen den Beobachtungsbogen.

A wählt eines der folgenden Themen:

- Was ist guter Unterricht?
- Was mache ich mit störenden Schülerinnen und Schülern?
- Was fällt mir bei der Unterrichtsplanung besonders leicht / schwer?

Übung

Gesprächsführung: Dauer etwa 12 bis 15 Minuten

→ A ist Lehrerin oder Lehrer und steuert das Gespräch: A paraphrasiert, hört passiv und aktiv zu, nutzt Fragen und Impulse und strukturiert die Beiträge der Gesprächsteilnehmerinnen und -teilnehmer. As Ziel: So viel wie möglich von dem zu erfahren, was die Gesprächsteilnehmerinnen und -teilnehmer über das Thema wissen. A sorgt dabei auch für Vernetzungen. A interveniert während des Gesprächs mindestens sechsmal.

Dann:

Einmal Rollentausch = Ein anderes Gruppenmitglieder ist Lehrerin oder Lehrer, die Beobachter wechseln.

Danach:

Auswertung: Dauer etwa 10 Minuten.

Alle geben reihum kurz (!) ihre Eindrücke wieder, die Beobachter zuletzt.

Am Schluss:

Plakat (GA): Notieren Sie mit max. fünf (vernetzten) Stichwörtern (Selbst-)Einsichten, Fragen, Probleme und / oder Tipps für Unterrichtsgespräche in der Schule.

Denkanregungen

➢ Wo hatten Sie besondere Probleme beim Moderieren? Woran liegt das Ihrer Meinung nach?

➢ Wie können Sie während eines Gesprächs erkennen, welche Beiträge für Ihre inhaltlichen und methodischen Ziele gewinnbringend sind?

- Nehmen Sie an, Sie haben diese drei Schülerbeiträge gehört: (1) „Ich bin absolut gegen eine Geschwindigkeitsbegrenzung auf deutschen Autobahnen." (2) „Die Sache mit dem CO2-Ausstoß ist doch gar nicht so ernst, wie immer getan wird." (3) „Ich finde, man müsste Autos möglichst schnell abschaffen, damit wir mit Blick auf das Klima endlich zur Vernunft kommen." Sie möchten Ihre Schüler für Ihren CO2-Abdruck sensibilisieren. Wie fassen Sie die drei Äußerungen zusammen und wie führen Sie das Gespräch weiter? – Diskutieren Sie dann mit Kollegen Ihre Lösung.

- Wie genau könnten Sie das Moderieren üben? Zerlegen Sie die Aufgabe in mehrere Trainingsschritte.

Tipps

- Unterrichtsgespräche oder Gespräche in Konferenzen sind eine anspruchsvolle Aufgabe. Niemand kann das ohne zu üben, ohne oft und lange zu üben. Daher: Trainieren Sie Unterrichtsgespräche. Auch hierbei könnten Kollegen Sie beobachten und Ihnen Rückmeldungen geben.

- Wenn Sie im Moderieren unsicher sind, können Sie sich helfen: Notieren Sie zentrale Fragen und Impulse, die Sie ins Gespräch einbringen wollen, vor dem Gespräch auf Karteikärtchen DIN A6 oder A7. Und dann gehen Sie so vor: Fassen Sie mehrere Schülerbeiträge zusammen und lesen Sie bei Bedarf eine passende Frage oder einen vertiefenden oder weiterführenden Impuls von Ihren Kärtchen ab. Zielführend ist das Ganze natürlich nur, wenn Sie das Unterrichtsgespräch gedanklich antizipieren.

3.4 Beraten lernen

„Wenn man nicht weiß, wohin man will, ist kein Weg ein Richtiger."

(Robert F. Mager, amerikanischer Pädagoge)

© Gerd Altmann auf https://pixabay.com/de

☑ Darum geht's.

Beratungsverständnis

Der Begriff „Beratung" begegnet uns im Alltag in zahlreichen Kontexten. Die Online-Enzyklopädie Wikipedia führt unter dem Stichwort Beratung über fünfzig verschiedene Beratungsarten auf; von Anlageberatung über Feng-Shui-Beratung bis hin zu Seelsorge oder Stil- und Farbberatung. Und sicher haben Sie noch von weiteren Beratungsarten gehört. Dies zeigt: Beraten wird in vielen Bereichen und auf höchst verschiedene Art. Wir konzentrieren uns auf Beratung im schulischen Kontext. Hier kann man drei Perspektiven unterscheiden:

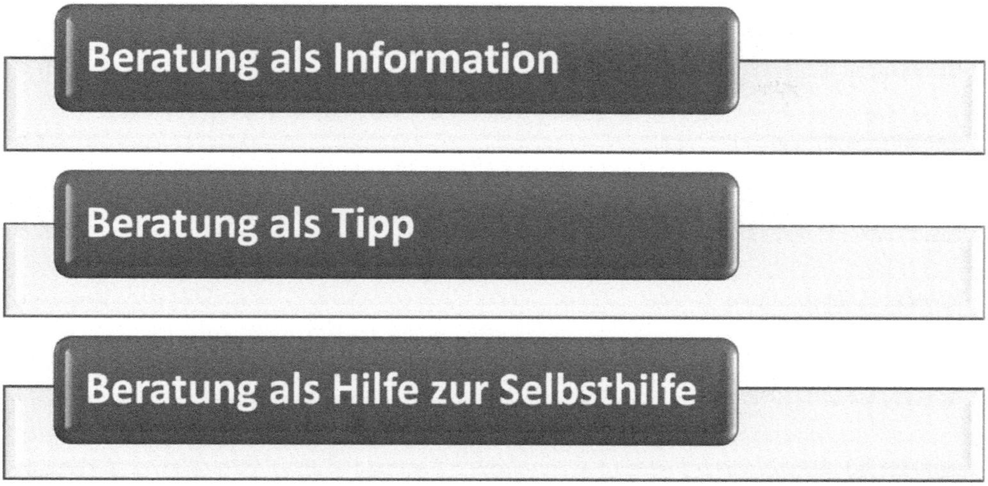

Beratung als Information

Beratung als Tipp

Beratung als Hilfe zur Selbsthilfe

(1) Beraten oder „Ich sage dir, was du tun sollst."

Be*rat*en heißt für viele Lehrer *Rat*schläge zu erteilen. Klar, das müssen Lehrer auch – in vielen Situationen. Sie sind eben Experten und ihre Expertise ist gefragt: *Wie lernt man am besten englische Vokabeln? Worauf muss ich achten, wenn ich ein Gedicht analysiere? Welche Fallen gibt es beim Bruchrechnen? Aber auch: Welche Fächer muss ich in der Oberstufe belegen?* Fragen dieser Art schreien nach Antworten, nach Antworten eines Experten. Diese Antworten zu geben ist *eine* Art zu beraten. Aber eben nur eine: Die Expertenberatung. Die Informationen, die ein Experte einem Laien gibt, sind kaum zu toppen. Das wissen auch die Schüler. Daher folgen sie (meist) den Informationen, die der Lehrer ihnen gibt. Expertenberatung ist daher immer eine Art von Unterricht mit anderen Mitteln. Die Expertise des Lehrers ist hier gefragt; seine Rolle als Wissensvermittler gibt der Lehrer dabei nicht auf. Daher ist diese Art der Beratung als Information besonders dort gefordert und geeignet, wo es um die Weitergabe von Wissen geht. In anderen Kontexten ist diese Art der Beratung aber weder gefragt noch zielführend. Schlimmer noch: Sie kann sogar kontraproduktiv sein.

(2) Beraten oder „Ich sage dir, was du tun kannst."

Ein wenig anders sieht die zweite Form der Beratung aus: Auch hier bleibt der Lehrer Experte, aber er hat mehr als eine Lösung zu bieten. Und – wichtig: Von der Wahl der Lösung hängt weit weniger ab, als dies bei der reinen Expertenberatung der Fall ist. *Welches Heft ist ungünstiger: kariert oder liniert? Welchen Taschenrechner soll ich kaufen? Welches PC-Betriebssystem ist das beste?* Fragen dieser Art lassen mehrere Antworten zu. Der Lehrer-Experte wird dies wissen und daher Optionen anbieten. Schüler können dann die Antwort wählen, die ihnen am sinnvollsten erscheint. Diese Variante von Beratung ermöglicht den Schülern also schon ein bisschen mehr an Eigenständigkeit als Variante (1).

(3) Beraten oder „Du sagst dir, was du dir zutraust und tun willst.“

Hier ist Beratung Hilfe zur Selbsthilfe. Der ratsuchende Schüler steht im Mittelpunkt, seine Fähigkeiten, seine Fertigkeiten sind der Maßstab für alles, was geschieht und möglich ist. Der Lehrer hilft dem Schüler auf mehreren Ebenen: (a) So kommt der Schüler durch die Beratung über eine Selbstwahrnehmung zur Selbsterkenntnis: *Wie ticke ich in der Situation, die problematisch ist? Wie funktioniere ich?* (b) Auf dieser Grundlage findet der Schüler selbst Lösungen für sein Problem: *Was kann ich tun, um der Sache Herr zu werden? Was habe ich schon getan, und mit welchem Erfolg?* (c) Der Schüler ist sein eigener Experte auch dann, wenn es um die Auswahl der „richtigen“ Lösung geht: *Was kann ich als erstes tun? Was möchte ich tun? Und warum wird mir das wohl gelingen?* (d) Danach erstellt der Schüler auch seinen eigenen Handlungsplan: *Was werde ich wann tun? Wer hilft mir dabei? Wie genau werde ich die Sache angehen und umsetzen?* Und schließlich ist es wieder der ratsuchende Schüler, der den Prozess evaluiert: *Wo stehe ich jetzt, nachdem ich die ersten Schritte gegangen bin? Was bleibt zu tun? Woran sollte ich als nächstes arbeiten?*

Die Hilfe des Beraters spielt sich dabei auf struktureller Ebene ab: Der Berater entwickelt während der Beratung Hypothesen darüber, was den ratsuchenden Schüler bewegt, wie der Schüler mit Problemen umgeht und welche Lösungen vermutlich möglich sind. All das sagt der Lehrer aber nicht. Stattdessen lässt er den Schüler in diesen Hypothesenhorizont hineindenken. Die Hilfsmittel? Verschiedene Formen von Fragen und immer wieder spiegeln, spiegeln, spiegeln. So entsteht ein Teppich des Vertrauens, der die Antworten und Ressourcen zu Tage fördert, die die Beratung erfolgreich macht.

Kaum ein Lehrer hat gelernt, professionell zu beraten, weder in der Ausbildung noch später. Die Lehrerausbildung behandelt das Thema in der ersten und zweiten Phase eher stiefmütterlich und lenkt das Augenmerk der jungen Kollegen vor allem aufs Unterrichten. Die Folge: Die meisten Lehrer beraten eher intuitiv. Man folgt einfach dem gesunden Menschenverstand, hat so ein Gefühl, wie es wohl gehen könnte. Irgendwie kommt man damit ja auch durch. Und trotzdem: Meist fehlen sowohl eine Konzeption als auch hinreichende Erfahrung mit Beratung. Einem Chirurgen würde man sich wohl nicht guten Gewissens anvertrauen, hätte er so wenig praktische Erfahrung und Expertise in seinem Beruf wie manche Lehrer auf dem Gebiet des Beratens.

Beraterhaltung

Was sollte ein Lehrer lernen, um mit Beratungsthemen umzugehen, die die Persönlichkeitsentwicklung der Schüler betreffen? Wie kann diese Beratung erfolgreich werden? Zu allererst: Der Berater muss seine Beraterrolle klären. Als Lehrer sind wir auch dann noch Unterrichtender und Bewertender, wenn wir beraten – zumindest in den Augen der Schüler. Wir werden die anderen Rollensegmente nicht völlig ablegen können, sobald eine Beratung beginnt. Doch wir können zu Beginn der Beratung unseren Beraterhut aufsetzen, also einen klaren Rollenwechsel vornehmen. Und das muss man als Außenstehender merken, etwa an einem veränderten Rollenverhalten. Ein anderes Rollenverhalten – was heißt das konkret?

- Begrüßung

  Man kann einem ratsuchenden Schüler die Hand geben und auf diese Weise anders begrüßen, als man dies im Unterricht tun würde.

- Umgebung

  Am besten berät man in einem besonderen Beratungsraum mit passendem Mobiliar. Beratungsutensilien sind hilfreich: etwa ein Flipchartständer, eine Pinnwand und ein Moderationskoffer. Vermeiden sollte man Beratungsgespräche im Klassenzimmer oder gar zwischen Tür und Angel oder auf dem Flur.

- Sitzposition

  Im Beratungsraum sollte man unbedingt die Stühle passend arrangieren, und zwar über Eck, etwa im Winkel von 90°. Diese Position ist optimal für ein Gespräch; so können beide Gesprächspartner sich einander zuwenden, aber auch mit den Augen ausweichen, wenn sie das wollen. Eine frontale Sitzposition ist ungeeignet, weil sie konfrontativ wirkt. Der Schüler wird sich unbehaglich fühlen, so wie auf einer Anklagebank.

- (Körper)Sprache

  Mimik, Gestik und Sprache sind bewusst und wirkungsvoll einzusetzen. Eine freundliche Mimik, eine einladende Gestik und eine wertschätzende Sprache sind Schlüssel für eine positive Kommunikation – während des Beratungsgesprächs, aber auch davor und danach.

- Niedrige Schwelle

  Small Talk übers Wetter oder den beliebten Fußballverein ist das Mittel der Wahl zu Anfang der Beratung. Der niederschwellige Start bringt den ratsuchenden Schüler ans Reden. Das Hineingleiten in das eigentliche Beratungsthema gelingt so leichter – dem Berater und dem Ratsuchenden.

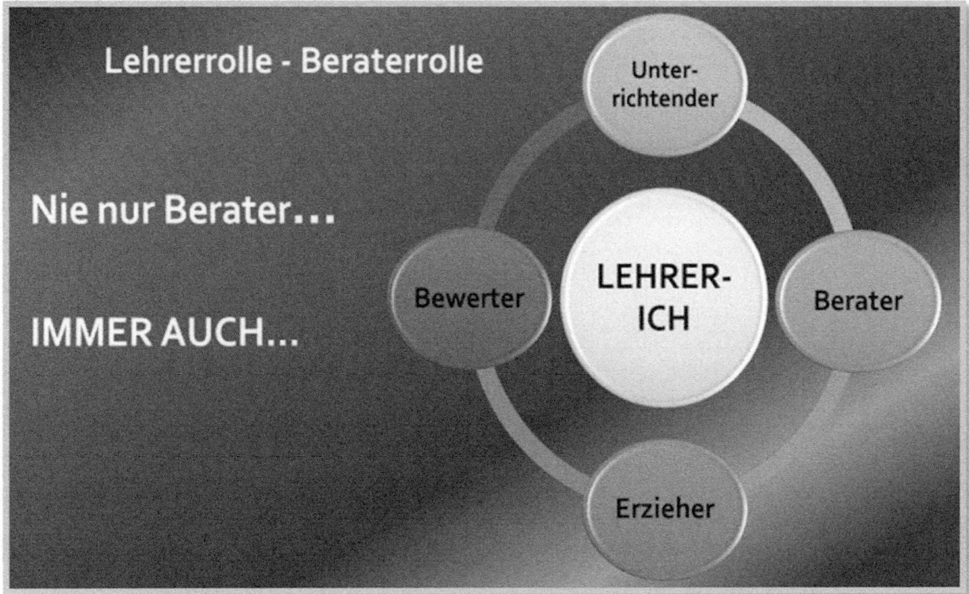

Doch nicht nur zu Beginn eines Beratungsgesprächs ist das Bewusstsein für die Lehrerrollen essenziell. Es prägt auch die Haltung des jeweiligen Lehrers. Professionelles Beraten ist nur dann möglich, wenn der Berater sich stets seiner unterschiedlichen professionellen Rollensegmente bewusst ist und sie unterscheidbar einsetzt.

Die unterschiedlichen Segmente der Lehrerrolle kommen nicht nur während des Beratungsgesprächs zum Tragen. Sie spielen auch im Vorfeld der Beratung eine Rolle. Beratungsanlässe ergeben sich oft aus den Perspektiven der Rollensegmente: Aus der Perspektive des Unterrichtenden etwa kann man Lernstörungen diagnostizieren, wozu man ein Beratungsgespräch führen kann. Aus der Perspektive des Erziehenden stellt man vielleicht Verhaltensauffälligkeiten fest, die Anlass für eine Beratung sein könnten. Genauso könnten Beziehungsprobleme, die mit der Brille des Beraters auffallen, die Grundlage für ein Beratungsgespräch ergeben.

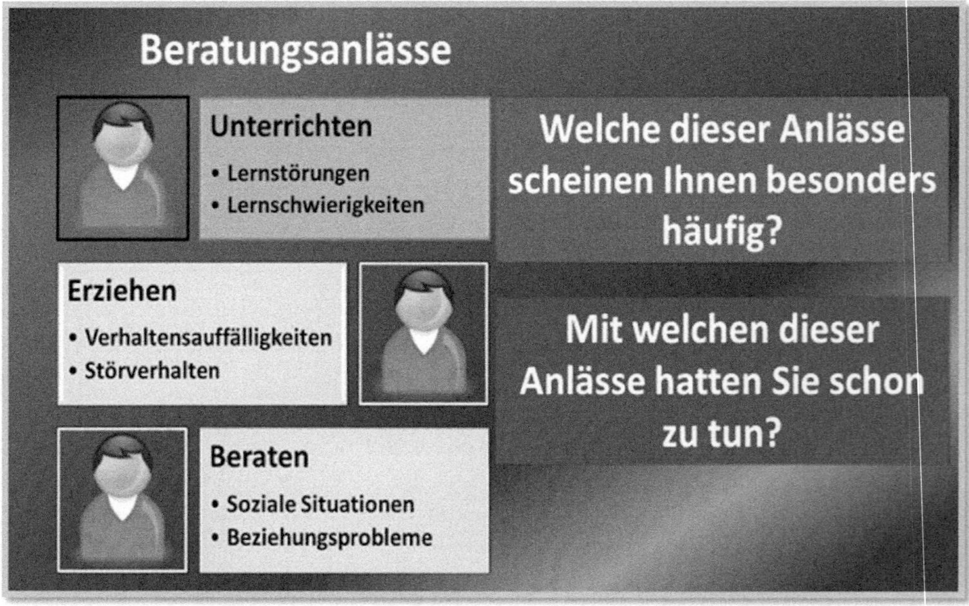

Zur Selbstreflexion

Machen Sie sich Notizen zu den folgenden Fragen:

- Welche Beratungsanlässe scheinen Ihnen besonders häufig?
- Mit welchen Beratungsanlässen hatten Sie schon zu tun?
- Welche Erfahrungen haben Sie mit diesen Beratungsanlässen bzw. -gesprächen gemacht?
- Welche Schwierigkeiten sind dabei aufgetreten?
- Was nehmen Sie sich für das nächste Beratungsgespräch vor?

Besprechen Sie Ihre Antworten mit Kollegen.

Für das Gelingen von Beratungsgesprächen ist auch das Setting wichtig. Im Beratungsgespräch dominiert die Beraterrolle; das muss auch der Ratsuchende wahrnehmen. Damit das gelingt, können die bereits erwähnten Tricks zur Beraterhaltung für das Beratungssetting eine Hilfe sein: Schaffen Sie die optimalen Rahmenbedingungen!

Diese Rahmenbedingungen sind auch bei den folgenden Übungen zu beachten. Die Übungen bieten gute Möglichkeiten, mit den Rahmenbedingungen zu trainieren. Auch hier gilt: Übung macht den Meister! Und wer die ratsuchende Person meisterhaft in das Beratungsgespräch hineinführen kann, der hat schon eine gute Basis für die Beratung gelegt. Damit das Gespräch gut gelingt, sind weitere Beratungstools nützlich, die Sie in den Übungen kennenlernen.

☑ Das können Sie tun.

✓ Übung 1: GROW

Die Haltung des Beraters und das passende Rollenverständnis sind wichtige Grundlagen für die Beratertätigkeit. Professionell wird Beratung aber auch durch die Struktur, die der Berater dem Gespräch gibt. Das GROW-Modell ist geeignet, um das Beratungsgespräch zu strukturieren. Das Modell stammt aus dem Coaching und wurde von John Whitmore entwickelt (2017); es ist ressourcen- und lösungsorientiert und impliziert ein humanistisches Menschenbild. G-R-O-W steht dabei für „Wachse! Entwickle dich!“ Zudem kennzeichnen die vier Buchstaben die vier Phasen des Gesprächsverlaufs:

(1) G = Goal (Ziel): Am Anfang der Beratung steht das Ziel des Ratsuchenden. Er muss klar sagen, was er will. Nicht der Berater gibt das Ziel vor, sondern der ratsuchende Schüler ist Herr des Prozesses. Ziele können und dürfen dabei durchaus vorläufig sein, sinnvoll oder weniger sinnvoll, zu groß oder zu klein, umsetzbar oder weniger umsetzbar. In jedem Fall sollte das Ziel positiv formuliert sein und mit dem Personalpronomen ich beginnen. Also „Ich möchte gelassen agieren." Und nicht: „Ich möchte weniger angestrengt handeln." Oder gar: „Der Lehrer soll nicht so gereizt sein." Überlassen Sie die sprachliche Formulierung dem Schüler, helfen Sie möglichst nicht. In der Beratung geht's nicht um präzise Formulierungen, sondern darum, dass der ratsuchende Schüler weiß, was er mit seinem Ziel meint und anstrebt.

Ungünstig kann es sein, wenn der Ratsuchende sein Ziel zu komplex wählt. Oft merkt man das an Generalisierungen: „Alles muss...", „Ich will immer...", „Das soll bei allen...". Solche Ziele versprechen meist Misserfolge. Hier dürfen Sie durchaus helfen, das Ziel weniger komplex und konkreter zu machen. Manchmal reichen hierzu Fragen nach der Generalisierung: „Wirklich alles?", „Wirklich immer?", „Für alle?" So werden aus dem ganzen Elefanten kleine Happen; und die lassen sich bekanntlich recht gut verspeisen und verdauen.

(2) R = Reality (Wirklichkeitsklärung): In der zweiten Gesprächsphase geht es um die Situation, in der sich der Ratsuchende befindet. Sie soll geklärt werden. Einleitende Fragen sind etwa: „Was ist jetzt los?", „Was ist schon alles passiert?" Aber auch: „Was hast du schon getan, um mit deinem Problem fertig zu werden?" Und: „Wie erfolgreich warst du dabei?" So wird sich der Ratsuchende seiner Situation bewusst, erkennt Zusammenhänge, Strukturen und Mechanismen, vielleicht aber auch schon erste Ansätze für Lösungen. Das alles ist wichtig: Denn nur wer weiß, wo er steht, wird den richtigen Weg zum Ziel finden.

Berater wie Ratsuchende neigen dazu, die Reality-Phase ausufern zu lassen. Woran liegt das? Viele Berater glauben, dass es dem Ratsuchenden guttut, wenn er sein Problem mit all den Höhen und Tiefen ausführlich beschreibt. Hier kommt die alte Annahme zum Vorschein: Zuhören sei ein Selbstzweck und führe beim Ratsuchenden geradezu zwangsläufig zu einer Erleichterung. Diese Annahme ist nur zum Teil richtig. Natürlich: Zuhören schafft Vertrauen, und Vertrauen ist nötig, um sich zu öffnen. Und eine solche Öffnung wiederum ist nützlich dafür, dass eine Beratung positiv verläuft. Die Kehrseite: Je länger sich der ratsuchende Schüler in der Reality-Phase aufhält, desto länger ist er mit den negativen Gefühlen konfrontiert, die mit seinem Problem verbunden sind. Er bleibt also mental in der Problemsituation. Dies ist wenig motivierend. Außerdem: Durch eine überlange Realityphase werden mögliche Lösungen für das Problem unnötig lange aufgeschoben. Und erst das Beschäftigen mit möglichen Lösungen und alternativem Verhalten bringt den Ratsuchenden in die Ressourcensituation, die emotional befreiend und stärkend wirkt. Daher: Der Berater sollte die Realityphase so kurz wie möglich gestalten, um so schnell wie möglich mit der dritten Phase des Gesprächs zu beginnen.

(3) O = Options (Lösungen): Welche Lösungen kennt der Ratsuchende, um das Ziel zu erreichen? Und es sind die Lösungen des Ratsuchenden, um die es hier geht, nicht die des Beraters. Der Berater darf den Fähigkeiten des Ratsuchenden vertrauen. Ratsuchende sind eben die besten Experten, wenn es um Lösungen für deren Probleme geht. Was der Berater tun kann: Er kann dem Ratsuchenden helfen, verborgene Ressourcen zu entdecken und zu entfalten. Natürlich darf der Berater dem Ratsuchenden auch eine Anregung geben. Aber Achtung: Nicht zu früh und keinesfalls dominant! Anregungen müssen als Anregungen verstanden werden, nicht etwa als die bessere Lösung: „Könntest du dir vorstellen …?“ „Hast du auch diesen Aspekt schon gesehen …?“ „Was hältst du von dieser Möglichkeit?“ Sprachliche Achtsamkeit, eine anregende und vertrauenswürdige Atmosphäre, geschicktes Zuhören und starke Fragen helfen dem Berater, den Ratsuchenden seinen eigenen Weg gen Ziel gehen zu lassen. So wird Beratung zur effektiven Hilfe zur Selbsthilfe.

Wenn wir als Lehrer Schüler beraten, haben wir meist einen Wissens-, Erfahrungs- und auch Kompetenzvorsprung. Und der Instinkt vieler Kollegen ist es, diesen Vorsprung zu nutzen, um dem Ratsuchenden möglichst schnell und, wie sie meinen, möglichst gut zu helfen. Solche Berater greifen meist zu früh in den Prozess der Lösungsfindung ein. Der ratsuchende Schüler überlegt noch, welche Optionen ihm zur Verfügung stehen könnten, um sein Ziel zu erreichen, und schon grätscht der Berater dazwischen: „Ich würde dir empfehlen, …“ „Da musst du das machen.“ „Das ist doch ganz klar: …“ Dieser Berater meint es gut, er will helfen. Aber die Folgen seines Helfersyndroms sind verheerend: Der ratsuchende Schüler wird in seinem eigenen Lösungsprozess gestört, er kann seine Ressourcen nicht aktivieren, um selber eine Lösung zu entwickeln. Der nützliche Effekt der Selbstwirksamkeit wird verhindert!

Das Helfersyndrom zu unterdrücken und dem Ratsuchenden den Raum und auch die Zeit zu geben, selber Lösungen zu entwickeln, das fällt den meisten Beratern zunächst sehr schwer – gerade Lehrern! Hinzu kommt: So mancher Schüler erwartet von einem Lehrer als Berater nichts anderes, als dass der ihm die Lösungen für sein Problem vorkaut. So kennen Schüler es aus dem Unterricht. Für so manchen ratsuchenden Schüler ist es daher ungewohnt, wenn der Berater eben mal nur zuhört und nicht sofort lenkt und die besten Ergebnisse von sich gibt. Anders gesagt: Berater wie ratsuchender Schüler stehen in Gefahr, in ihre Rollen als Lehrer und Schüler im Unterricht zu zurückzufallen. Ändern kann dies in der Regel nur der Berater: Er muss sich selbst kontrollieren, er muss wissen, welchen Rollenhut er gerade trägt und muss sich entsprechend verhalten. Das braucht vielleicht ein wenig Übung. Aber: Es lohnt sich und geschieht zum Nutzen des Ratsuchenden.

(4) W = Will (Handlungsplan): Die Frage hier: Wie genau will der Ratsuchende seine Lösungen umsetzen? Also: Was genau will ich tun? Wie genau soll es ablaufen? Wann werde ich es machen? Und wie kann ich feststellen, ob ich dabei erfolgreich bin? Klar, der Berater hilft dem Ratsuchenden, einen guten Plan aufzustellen. Der Ratsuchende wählt zunächst die Lösungen aus, die er am ehesten umsetzen möchte, also nicht die (vermeintlich) objektiv besten. Mehr als drei sollten es nicht sein. Denn: Viel hilft nicht viel. Im zweiten Schritt ordnet der Ratsuchende seine Lösungen: Welche ist hier die beste für ihn? Mit welcher Lösung möchte der Ratsuchende starten? Der Berater fragt nach Begründungen für die Lösungshierarchie mit dem Ziel, den Ratsuchenden möglichst sicher zu machen: Ja, das ist die Lösung, mit der ich meinen Weg starte. Sinnvolle Fragen des Beraters könnten sein: „Woher weißt du, dass das die beste Lösung für dich ist?“ „Hast du so etwas Ähnliches schon einmal gemacht?“ „Wenn ja: Wie erfolgreich warst du dabei?“ Am besten sind Lösungen, die der Ratsuchende schon einmal erfolgreich umgesetzt hat. Lösungen, die pure Wunschvorstellungen sind und den Ratsuchenden beim Umsetzen überfordern würden, müssen in dieser Phase des Gesprächs unbedingt aussortiert werden.

Ist in diesem Sinne die beste Lösung ausgewählt, braucht der Ratsuchende einen konkreten Plan fürs Umsetzen der Lösung. Oft bleibt dieser Plan zu abstrakt. „Ja, dann mach das mal.“ So schafft es der Ratsuchende kaum, sein Ziel zu erreichen. Je konkreter die einzelnen Handlungsschritte überlegt, durchdacht, vielleicht auch durchgespielt sind, desto besser gelingt es dem Ratsuchenden, seinen Weg erfolgreich zu gehen. Daher sind in dieser Phase des Beratungsgesprächs Fragen wie etwa diese wichtig:

„Wann genau möchtest du anfangen, deine Lösung umzusetzen?“

„In welcher Situation genau möchtest du das machen?“

„Wie oft soll das geschehen?“

„Wie genau soll das gehen?“

„Wer könnte dir dabei an welchen Stellen helfen?“

„Wie möchtest du diese Hilfe in Anspruch nehmen?“

„Was genau kann dir zeigen, dass du auf dem richtigen Weg bist?“

„Wann möchtest du das prüfen?“

Vorgehen:

Bilden Sie Kleingruppen zu drei Personen. Teilen Sie dann dieses Arbeitsblatt aus:

Bogen zur Übungsanleitung

A und B sprechen über einen Beratungsanlass aus dem beruflichen Alltag. A ist dabei der Berater und B die ratsuchende Person. C ist der Beobachter des Beratungsgesprächs.

Übung

GROW: Dauer etwa 15 bis 20 Minuten (pro Durchgang)

→ Führen Sie ein Beratungsgespräch. Nutzen Sie mindestens zwei Phasen des GROW-Modells. Orientieren Sie sich dabei an der GROW-Übersicht:

Dann:

Zweimal Rollentausch = Jedes Gruppenmitglied ist einmal Berater.

Danach:

Auswertung: Dauer: ca. 10 Minuten.

Alle geben reihum kurz (!) ihre Eindrücke wieder.

Am Schluss:

Plakat (Gruppenarbeit): Notieren Sie mit höchstens fünf (vernetzten) Stichwörtern (Selbst-)Einsichten, Fragen, Probleme und / oder Tipps für Beratungsgespräche.

Denkanregungen

- Was ist Ihnen bei der Übung leicht-, was ist Ihnen eher schwergefallen?
- Wie gut schätzen Sie nach der Übung Ihre Fähigkeit ein, mit Hilfe von GROW Beratungsgespräche zu strukturieren? Nutzen Sie zur Selbsteinschätzung eine Skala von 1 bis 10. 1 meint „sehr schlecht", 10 heißt „top". Begründen Sie Ihre Einschätzung.
- Wie haben Sie als Person, die beraten wird, erlebt, mit dem GROW-Modell beraten zu werden?
- Wie erfolgreich waren Sie beim strukturierten Führen Ihres Gegenübers?
- Was heißt für Sie „erfolgreich beraten"?
- Woran genau haben Sie gemerkt oder gefühlt, dass Sie GROW erfolgreich anwenden?
- Die Übung GROW strukturiert das Beratungsgespräch. Wozu ist eine solche Strukturierung nützlich?
- Welche neuen Erfahrungen – auch über sich selbst – haben Sie durch dieses Strukturieren gemacht?
- Inwieweit würden Sie das GROW-Modell auch in Beratungsgesprächen mit Schülern nutzen? Zu welchen Anlässen würde sich dieser Einsatz anbieten?
- Denken Sie an Ihr Gesprächsverhalten: Was hat Ihnen gefallen, was weniger? Und warum?
- Nehmen Sie an, Sie sollten für sich selbst ein Beratungstraining planen: Welche Übungen würden Sie auswählen?
- Stellen Sie sich Ihr Kollegium vor: Wie würden Sie die Damen und Herren vom Nutzen des GROW-Modells überzeugen? Formulieren Sie drei bis fünf Thesen.

✓ Übung 2: Zuhörtechniken

Das GROW-Modell bietet eine hilfreiche Struktur für das Beratungsgespräch. Damit dieses Gespräch effektiv verlaufen kann, benötigt der Berater noch einige Tools, zum Beispiel Zuhörtechniken. Die Zuhörtechniken kennen Sie schon aus dem Kapitel „Gespräche führen". Nun setzen wir das Paraphrasieren, das aktive Zuhören und das passive Zuhören im Kontext der Beratung mit GROW ein:

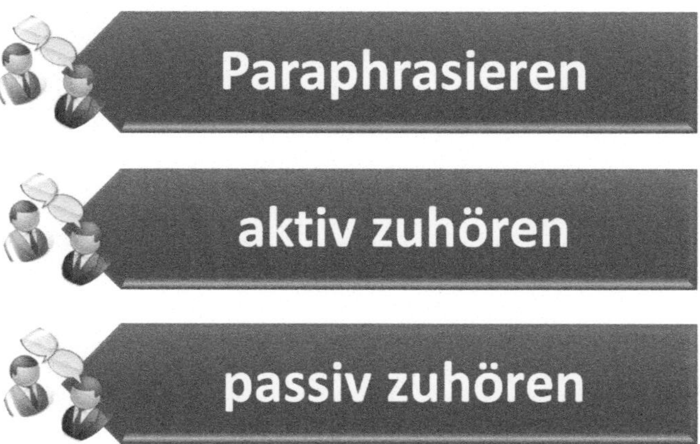

(1) Beim Paraphrasieren gibt der Berater den Inhalt einer Aussage wieder – ohne Kommentar, ohne Wertung. Das Vorgehen klärt, inwieweit der Berater das Gesagte verstanden hat. Außerdem regt es die ratsuchende Person an weiterzusprechen. Entweder indem sie die Paraphrase korrigiert oder indem sie diese ergänzt und weiterentwickelt.

(2) Anregung zum Weiterreden, das ist auch die Funktion des aktiven Zuhörens. Hierbei spiegelt der Berater die emotionalen Anteile in den Aussagen des Ratsuchenden. Manchmal sind die Emotionen natürlich auch direkt sichtbar, etwa wenn der Ratsuchende die Stirn in Falten legt, wenn er weint oder lacht. Oft sind emotionale Anteile aber eher verborgen, sozusagen nur zwischen den Zeilen zu lesen. Hier muss der Berater Fingerspitzengefühl beweisen, um die Emotionen zu entdecken, zu identifizieren und angemessen zu artikulieren.

(3) Wenn man als Berater passiv zuhört, fühlt sich der Ratsuchende ebenfalls aufgefordert, mehr zu erzählen. Passiv zuzuhören meint in erster Linie zu schweigen. Damit nicht der Eindruck entsteht, man sei als Berater abwesend, hält man dabei Blickkontakt, lächelt und nickt hin und wieder mit dem Kopf. Gut sind als Ergänzung auch bestätigende Reaktionen wie „Hm!", „Aha!", „Verstehe.". Nicken und bestätigende Reaktionen bedeuten hier nicht unbedingt Zustimmung zum Gesagten, sondern sie sind zunächst nur ein Indiz dafür, dass der Berater aufmerksam ist.

Vorgehen:

Bilden Sie Kleingruppen zu drei Personen. Teilen Sie dann dieses Arbeitsblatt aus:

Bogen zur Übungsanleitung

A und B sprechen über einen Beratungsanlass aus dem beruflichen Alltag. A ist der Berater und B die ratsuchende Person. C ist ein Beobachter des Beratungsgesprächs. Weitere Beobachter sind möglich.

Übung

Zuhörtechniken: Dauer etwa 12 bis 15 Minuten (pro Durchgang)

Führen Sie ein Beratungsgespräch durch und nutzen Sie dabei mindestens zwei Phasen des GROW-Modells (zum Beispiel die Goal- und die Reality-Phase). Verwenden Sie während des Gesprächs unterschiedliche Zuhörtechniken.

→ B erläutert sein Anliegen.

→ A hört passiv, dann aktiv zu; A wiederholt also Bs Aussage sinngemäß und spiegelt ein Gefühl Bs, das A aus der Aussage heraushört oder unmittelbar wahrnimmt.

→ B bestätigt, dass A sie / ihn richtig verstanden hat oder korrigiert A.

→ B führt sein Anliegen weiter aus.

→ A hört passiv, dann aktiv zu; A wiederholt Bs Aussage sinngemäß und spiegelt ein Gefühl, das A aus der Aussage heraushört oder unmittelbar wahrnimmt.

→ B bestätigt, dass A sie / ihn richtig verstanden hat oder korrigiert A.

Und so weiter.

Die GROW-Übersicht kann als Hilfe genutzt werden:

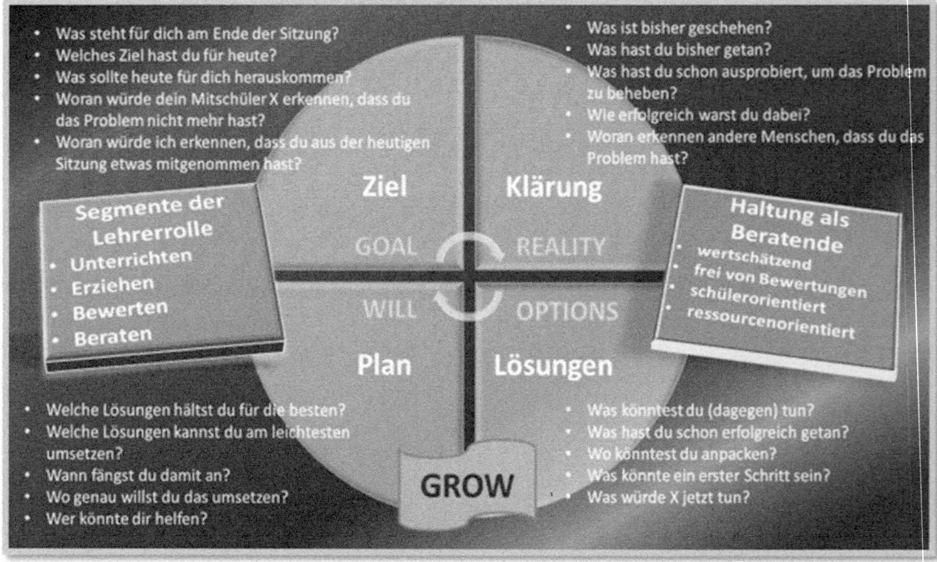

Der oder die Beobachter protokollieren das Gespräch in groben Zügen und machen sich bewertende Notizen.

Dann:

Zweimal Rollentausch = Jedes Gruppenmitglied ist einmal Berater.

Danach:

Auswertung: Dauer ca. 10 Minuten.

Alle geben reihum kurz (!) ihre Eindrücke wieder.

Am Schluss:

Plakat (Gruppenarbeit): Notieren Sie mit höchstens fünf (vernetzten) Stichwörtern (Selbst-)Einsichten, Fragen, Probleme und / oder Tipps für Beratungsgespräche.

Denkanregungen

- Was ist Ihnen bei dem Gespräch als Berater leicht-, was ist Ihnen eher schwergefallen?
- Wie gut schätzen Sie nach der Übung Ihre Fähigkeit ein aktiv zuzuhören? Nutzen Sie zur Selbsteinschätzung eine Skala von 1 bis 10. 1 meint „sehr schlecht“, 10 heißt „top“.
- Wie gut schätzen Sie nach der Übung insgesamt Ihre Fähigkeit ein, einer ratsuchenden Person zuzuhören? Nutzen Sie zur Selbsteinschätzung wieder eine Skala von 1 bis 10. 1 meint „sehr schlecht“, 10 heißt „top“.
- Wie erfolgreich waren Sie als Berater beim Spiegeln Ihres Gegenübers? Sehr erfolgreich? Erfolgreich? Weniger erfolgreich?
- Woran genau haben Sie gemerkt oder gefühlt, dass Sie erfolgreich gespiegelt hatten?
- Wie haben Sie als Person, die erzählt, erlebt, gespiegelt zu werden?
- Wie gut haben Sie sich als ratsuchende Person verstanden gefühlt? Wie erklären Sie sich Ihre Einschätzung?
- Was hätten Sie sich als ratsuchende Person von Ihrem Berater noch gewünscht?
- Wie haben Sie als Beobachter das Gespräch erlebt? Inwieweit hätten Sie sich als ratsuchende Person in dem Gespräch wohlgefühlt? Welche Interventionen des Beraters fanden Sie zielführend? Was hätten Sie anders gemacht als der Berater?
- Die Übung Zuhörtechniken entschleunigt das Gespräch. Wozu dient diese Entschleunigung Ihrer Meinung nach?
- Welche neuen Erfahrungen – auch über sich selbst – haben Sie durch diese Entschleunigung gemacht?
- Inwieweit werden Sie die Zuhörtechniken auch in Beratungsgesprächen mit Schülern nutzen? Zu welchen Gesprächsanlässen würde sich dieser Einsatz anbieten? Wann wäre Zuhören eher ungeeignet?

✓ Übung 3: Fragetechniken

Auch Fragetechniken haben Sie in diesem Buch schon kennengelernt; diese Techniken lassen sich ebenfalls effektiv in Beratungsgesprächen auf der Basis von GROW nutzen:

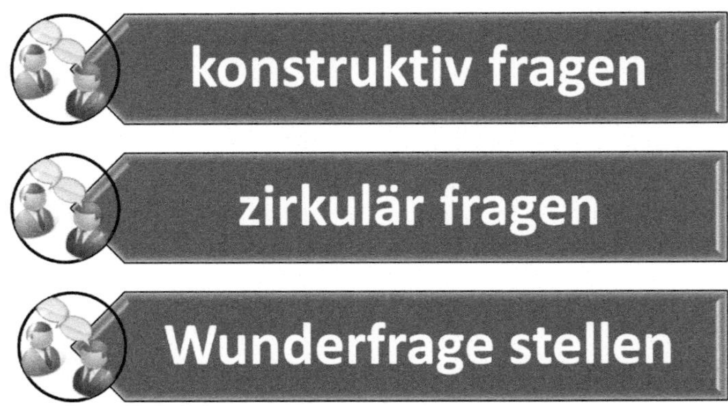

(1) Konstruktive Fragen sind offene Fragen, also Fragen, die mit einem Fragewort beginnen: „Was genau ist dein Ziel?“ „Wie genau möchtest du das machen?“ „Wann genau möchtest du damit beginnen?“ Solche Fragen bringen den Ratsuchenden dazu, Aussagen zu präzisieren, eben die Wirklichkeit aus seiner Erinnerung oder Vorstellung für die Zukunft heraus zu konstruieren. Konstruktive Fragen helfen also, Gesagtes zu konkretisieren, oft auch indem sie anregen, Nichtgesagtes zu ergänzen. Das Präzisieren hilft vor allem dem Ratsuchenden, sein Problem besser und ganzheitlicher zu verstehen, und zeigt ihm so klarer, mit welchen Mitteln er das Problem lösen kann.

(2) Zirkuläre Fragen sind systemische Fragen: „Was würde wohl X dazu sagen?“ „Wie würden das deine Mitschüler einschätzen?“ Zirkuläre Fragen wenden sich nicht direkt an die Person, um die Wirkungen deren Aussagen oder Verhalten zu erfragen. Zirkuläre Fragen fordern den Ratsuchenden auf, sich in die Rolle einer dritten Person oder Personengruppe zu versetzen. Aus deren Sicht soll dann das Verhalten und die Wirkung der ratsuchenden Person bewertet werden. Der systemische Zugang ermöglicht eine ganzheitlichere Sicht auf das eigene Tun, sozusagen eine 360°-Grad-Perspektive. Diese Perspektive erleichtert dem Ratsuchenden das Antworten, weil er nicht direkt über sich sprechen muss. Gerade in emotional belastenden Beratungssituationen sind zirkuläre Fragen daher hilfreich und effektiv.

(3) Die Wunderfrage ändert radikal die Perspektive, die der Ratsuchende auf sein Problem hat: „Nimm an, eine gute Fee hat dich gestern besucht und dein Problem mit einem Handstreich gelöst. Wie hat sie das gemacht?“ Statt vor dem Problem zu stehen, manchmal wie ein Ochse vor dem Berg, versetzt die Wunderfrage den Ratsuchenden in den Zielzustand; er kommt hinter den Problemberg. Das Vorgehen verändert die Gefühle des Ratsuchenden grundlegend; er kommt in einen Ressourcenzustand, wodurch manche innere Blockade aufhebbar wird und mehr Lösungsmöglichkeiten sichtbar werden. Diese Fragetechnik bietet sich daher vor allem in der Options- und der Will-Phase des Beratungsgesprächs an, in denen der Ratsuchende selber Lösungen für sein Problem und einen Plan für das Umsetzen der Lösungen entwickelt.

Vorgehen:

Bilden Sie Kleingruppen zu drei Personen. Teilen Sie dann dieses Arbeitsblatt aus:

Bogen zur Übungsanleitung

A und B sprechen über einen Beratungsanlass aus dem beruflichen Alltag. A ist dabei der Berater und B die ratsuchende Person. C ist ein Beobachter des Beratungsgesprächs. Weitere Beobachter sind möglich.

Übung

Fragetechniken: Dauer etwa 12 bis 15 Minuten (pro Durchgang)

Führen Sie ein Beratungsgespräch durch und nutzen Sie mindestens zwei Phasen des GROW-Modells. Verwenden Sie dabei unterschiedliche Zuhörtechniken und Fragetechniken, z. B. in der Reality-Phase oder Options-Phase:

→ B erläutert sein Anliegen.

→ A hört passiv und aktiv zu und verwendet konstruktive und zirkuläre Fragen, um mehr über das Anliegen zu erfahren beziehungsweise um B dessen Bewusstsein für sein Anliegen vertiefen zu lassen.

→ A stellt die Wunderfrage, um B in eine Lösungsebene für sein Problem zu bringen.

Der Beobachter protokolliert das Gespräch grob mit und macht sich bewertende Notizen.

Dann:

Zweimal Rollentausch = Jedes Gruppenmitglied ist einmal Berater.

Danach:

Auswertung: Dauer: ca. 10 Minuten.

Alle geben reihum kurz (!) ihre Eindrücke wieder.

Am Schluss:

Plakat (Gruppenarbeit): Notieren Sie mit höchstens fünf (vernetzten) Stichwörtern (Selbst-)Einsichten, Fragen, Probleme und / oder Tipps für Beratungsgespräche.

Denkanregungen

- Was ist Ihnen bei der Übung leicht-, was ist Ihnen eher schwergefallen?
- Wie gut schätzen Sie als Berater nach der Übung Ihre Fähigkeit ein, Fragen zu stellen? Nutzen Sie zur Selbsteinschätzung eine Skala von 1 bis 10. 1 meint „sehr schlecht“, 10 heißt „top“.
- Wie erfolgreich waren Sie beim Befragen Ihres Gegenübers?
- Woran genau haben Sie gemerkt oder gefühlt, dass Sie eine Frage erfolgreich gestellt hatten?
- Inwieweit haben Sie als Berater Zuhör- und Fragetechniken sinnvoll genutzt?
- Wie haben Sie es als Person, die erzählt, erlebt, mit diesen Fragetechniken befragt zu werden?
- Welche Fragen hätten Sie sich als Ratsuchender noch gewünscht? Warum?
- Welche Fragen, die Ihnen gestellt wurden, fanden Sie besonders hilfreich? Woran lag das?
- Die Übung Fragetechniken vertieft das Gespräch. Wozu dient das Ihrer Meinung?
- Welche neuen Erfahrungen – auch über sich selbst – haben Sie durch diese Vertiefung gemacht?
- Sehen Sie Gefahren bei intensivem konstruktiven Fragen? Welche und für wen?
- Sie kennen die These: Wer fragt, der führt. Inwieweit ist das für die Beratung ein Problem oder ein Gewinn?
- Inwieweit werden Sie diese Techniken auch in Beratungsgesprächen mit Schülern nutzen? Zu welchen Anlässen würde sich dieser Einsatz besonders anbieten?

✓ Übung 4: REVT – Denken

Neben Zuhör- und Fragetechniken sowie dem GROW-Modell zum Strukturieren des Beratungsgesprächs sollte auch das Konzept der REVT zum Repertoire von guten Beratern gehören. Was ist REVT? Erst einmal eine Abkürzung: *R*ational-*e*motive *V*erhaltens*t*herapie. Albert Ellis hat das Konzept 1955 entwickelt (siehe Ellis / u. a. 2011). Die REVT ist wohl die erste der kognitiven Verhaltenstherapien; und sie hat noch heute große Bedeutung. Die Grundannahme der REVT: Denken, Fühlen und Handeln haben eng miteinander zu tun, sind im menschlichen Erleben miteinander vernetzt.

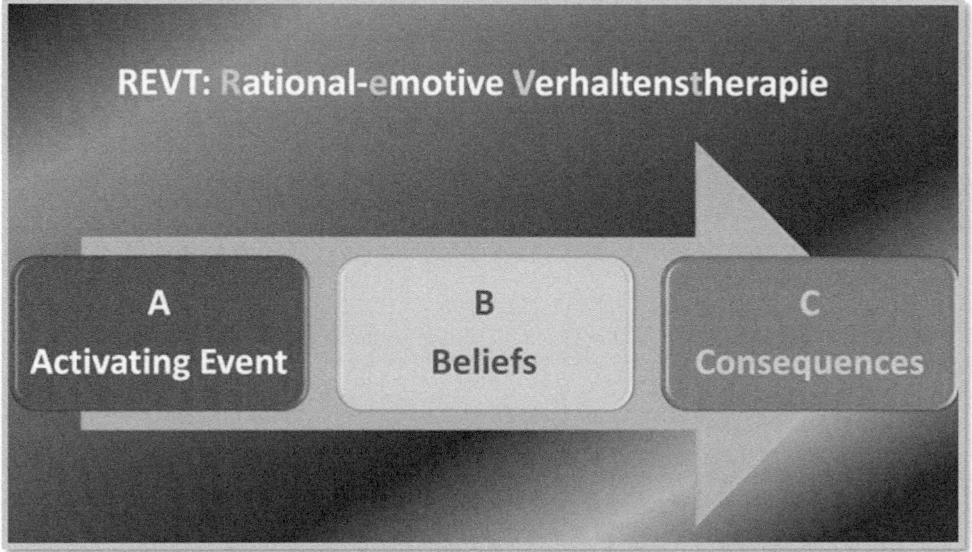

Konkret sieht das so aus: Menschen erleben ständig etwas – ganz verschiedene Dinge, solche, die sie mögen, andere, die sie weniger mögen; dann gibt es Ereignisse, die uns herausfordern, und dann gibt es Ereignisse, die uns überfordern. Die REVT spricht in jedem Fall von einem activating event, dem Auslöser. Jedes Ereignis, auf das wir treffen, deuten wir:

(1) Wir denken uns etwas dazu: Dürfen wir uns über das Ereignis freuen? Oder müssen wir es fürchten? Müssen wir jetzt besonders aufpassen oder kann alles so weitergehen wie bisher? Unsere Gedanken sind dabei nicht frei. Gesellschaftliche und kulturelle Annahmen spielen hier eine Rolle, aber eben auch die Erfahrungen, die wir mit anderen Ereignissen derselben Art oder mit ähnlichen Auslösern schon gemacht haben.

(2) Unsere Gedanken zu einem Event haben Folgen: Denn unsere Gefühle orientieren sich an den Gedanken, die wir uns zu dem Ereignis machen: Macht uns der Auslöser Sorgen, dann werden wir unruhig, vielleicht ängstigen wir uns. Entsprechend umgekehrt: Freudige Ereignisse heben die Stimmung, wir freuen uns.

(3) Und auch unser Körper reagiert: Ungünstige Gedanken und Gefühle führen zu Verspannungen. Manche Menschen reagieren extrem: Sie bekommen Kopf-, Nacken- oder Bauchschmerzen oder müssen sich sogar übergeben. Machen wir uns positive Gedanken zu einem Ereignis und fühlen uns gut, dann reagiert auch unser Körper entsprechend: Lockere Muskeln, ein Wärmegefühl im Magen – Wohlbehagen tritt ein.

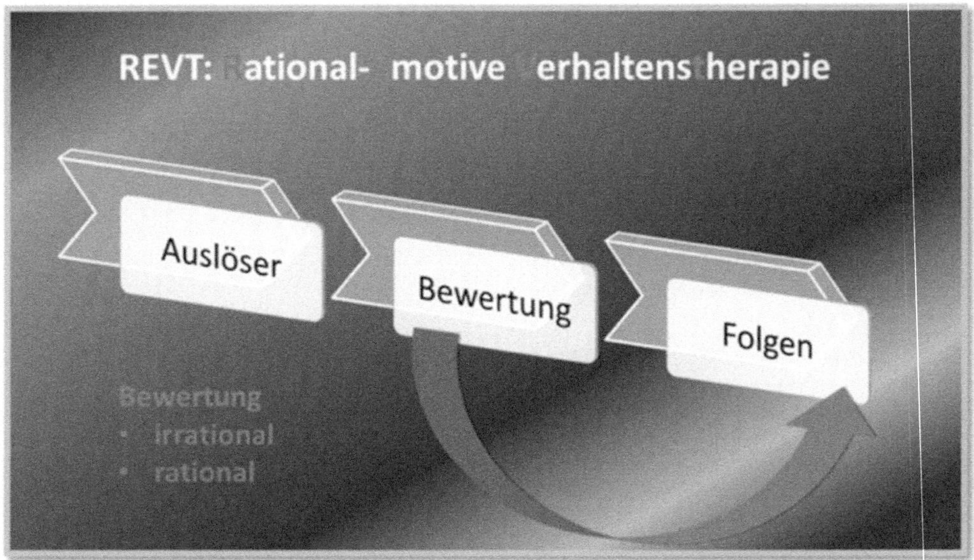

Gedanken, Gefühle und Körperempfinden bilden einen Regelkreis, in dem sich die einzelnen Elemente gegenseitig verstärken. Das ist toll, wenn man erfolgreich ist oder andere positive Auslöser das eigene Leben bestimmen. Das Belohnungszentrum unseres Gehirns sorgt dann dafür, dass unser Körper mit Glückshormonen überflutet wird. Jeder Marathonläufer weiß, wie süchtig solche Erfahrungen machen können. Leider ist aber auch das Gegenteil richtig: Negative Erfahrungen, Misserfolge insbesondere, setzen den Regelkreis in die andere Richtung in Gang: Wirkmächtige Gedanken machen sich breit, die am eigenen Können zweifeln lassen: „Werde ich das schaffen? Nein, vermutlich nicht. Das kann ich nicht (mehr) schaffen! Und das ist ganz schrecklich." Die Abwärtsspirale ist in einem solchen Fall kaum aufzuhalten: Ein mieses Gefühl und der Körper signalisiert, dass er auch nicht mehr mitspielt. Schlimm dabei: Die Erfahrungen, die wir in diesen Regelkreisen machen, diese Erfahrungen bestimmen unser Handeln.

Klar, wer sich positiv fühlt, wird motiviert und wahrscheinlich auch unbekümmert handeln. Er übersieht sozusagen, was alles schiefgehen könnte und lässt sich davon nicht beeindrucken. Der Fels vor ihm, der ihn behindert, wird durch diese Brille zum Steinchen, das man leicht beiseiteschieben kann. Anders umgekehrt: Ist man gedanklich und von seinen Gefühlen her negativ besetzt, dann ist man weniger motiviert zu handeln, eher lustlos. Und vor allem zieht man sich meist zurück, wenn's um echte Herausforderungen geht, die noch mal alle Kraft erfordern würden, sie zu bestehen.

Die REVT spricht in diesem Zusammenhang von rationalen und irrationalen Bewertungen. Wichtig: Diese Einordnung hat nichts mit ihrer Logik zu tun, sondern entscheidend für die Einordnung der Bewertung ist, ob ebendiese zielführend ist oder nicht: Sind meine Bewertungen eines Ereignisses zielführend beim Bewerkstelligen dieser Herausforderung, dann sind sie rational. Sage ich mir zum Beispiel mit Blick auf eine Herausforderung „Ich schaffe das.", bewerte ich dieses Ereignis zielführend für mein Handeln, also rational. Immer vorausgesetzt, ich verfüge grundsätzlich über die Ressourcen, diese Aufgabe auch zu bewältigen.

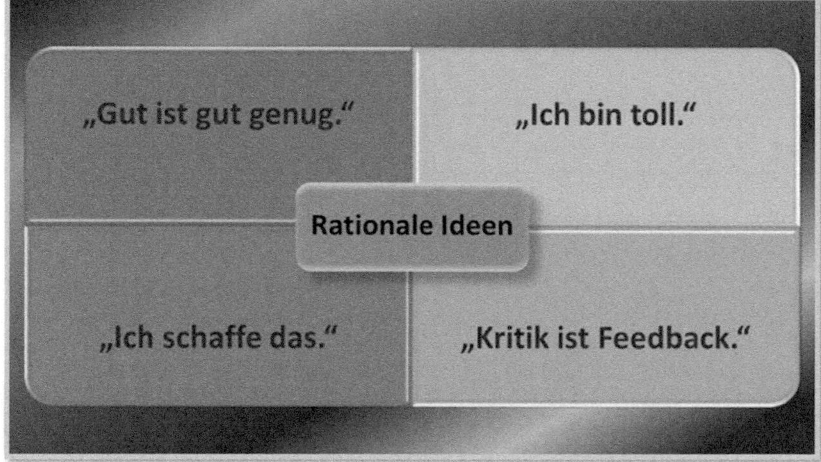

Neige ich hingegen mit Blick auf die anstehende Herausforderung zum Katastrophendenken und sage mir „Es wäre absolut fürchterlich, wenn ich diese Aufgabe nicht meistere.", auch wenn ich eigentlich über die Ressourcen verfüge, um die Herausforderung zu bestehen, dann ist meine Bewertung irrational; sie ist hinderlich für das Erreichen meines Ziels.

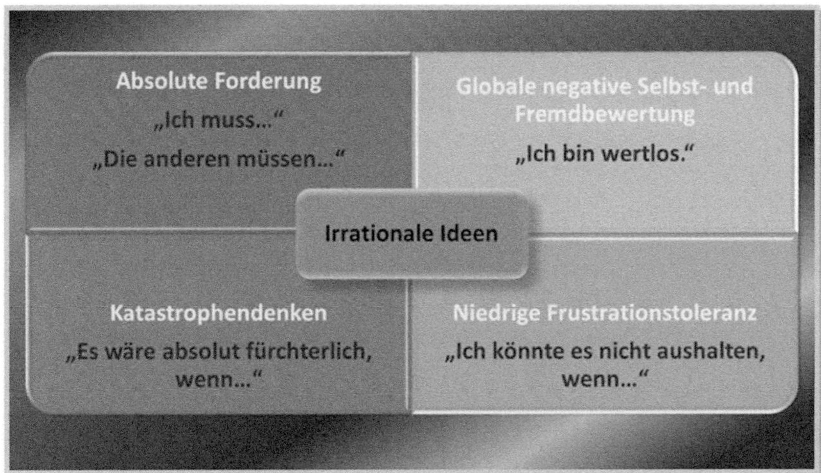

Die REVT kann in Beratungsgesprächen dabei helfen, irrationale Gedanken zu entlarven und sie durch rationale Gedanken zu ersetzen. So kann man negative Regelkreise durchbrechen und positive initiieren. Für den Berater ist es daher als erstes wichtig, die irrationalen Gedanken des Ratsuchenden zu erkennen. Dies gelingt durch gezieltes Fragen, etwa: „Welche Gedanken sind dir in der problematischen Situation durch den Kopf gegangen?" Nennt der Ratsuchende nun irrationale Gedanken, so soll er diese zunächst selber kritisch hinterfragen: „Wie vernünftig sind deine Gedanken?" In einem zweiten Schritt strebt man eine Lösung an: „Was könntest du anderes denken, das dir hilft?" Oder: „Wie könntest du jetzt denken, um mit deinem Problem fertig zu werden?" Diese anderen, zielführenderen Gedanken müssen etabliert werden. Das ist oft schwieriger, als rationale Alternativen für irrationale Ideen lediglich zu finden. Eine Möglichkeit für das Etablieren neuer Gedanken: Sprechen Sie sich die neuen Gedanken aufs Smartphone und hören Sie sich das Gesprochene mehrfach täglich für drei Minuten an. Mit der Zeit werden die neuen Ideen in Ihr Unbewusstes vordringen und Ihr Handeln mehr und mehr mitbestimmen.

Vorgehen:

Bilden Sie Kleingruppen zu drei Personen. Teilen Sie dann dieses Arbeitsblatt aus:

Bogen zur Übungsanleitung

A und B sprechen über einen Beratungsanlass aus dem beruflichen Alltag. A ist dabei der Berater und B die ratsuchende Person. C ist der Beobachter des Beratungsgesprächs.

Übung

REVT – Denken: Dauer etwa 12 bis 15 Minuten (pro Durchgang)

→ Führen Sie ein Beratungsgespräch durch. Nutzen Sie dabei mindestens zwei Phasen des GROW-Modells und REVT für das Hinterfragen von rationalen / irrationalen Gedanken. Sie können sich an der GROW+REVT-Übersicht orientieren:

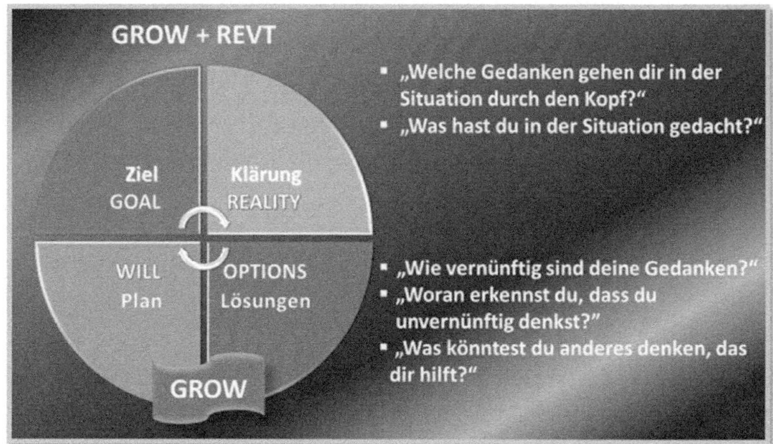

Dann:

Zweimal Rollentausch = Jedes Gruppenmitglied ist einmal Berater.

Danach:

Auswertung: Dauer ca. 10 Minuten.

Alle geben reihum kurz (!) ihre Eindrücke wieder.

Am Schluss:

Plakat (Gruppenarbeit): Notieren Sie mit höchstens fünf (vernetzten) Stichwörtern (Selbst-)Einsichten, Fragen, Probleme und / oder Tipps für Beratungsgespräche.

Denkanregungen

- Was ist Ihnen bei der Übung leicht-, was ist Ihnen eher schwergefallen?
- Wie gut schätzen Sie nach der Übung Ihre Fähigkeit ein, mit Hilfe der REVT, dem Ratsuchenden zu zielführenden Gedanken zu verhelfen? Nutzen Sie zur Selbsteinschätzung eine Skala von 1 bis 10. 1 meint „sehr schlecht", 10 heißt „top". Begründen Sie Ihre Einschätzung inhaltlich.
- Wie haben Sie als Person, die beraten wird, erlebt, mit dem Modell REVT beraten zu werden?
- Wie erfolgreich waren Sie als Berater beim Analysieren und Verändern der Gedanken des Gegenübers?
- Woran genau haben Sie gemerkt oder gefühlt, dass Sie die REVT erfolgreich anwenden?
- Wie nützlich scheint Ihnen die REVT in Beratungsgesprächen? Welche Gründe sind für Ihr Urteil maßgeblich?
- Welche neuen Erfahrungen – auch über sich selbst – haben Sie durch das Hinterfragen von Gedanken und Gefühlen gemacht? Welche Bedeutung haben diese Erfahrungen für Ihr Verhalten als Berater?
- Inwieweit würden Sie die REVT auch in Beratungsgesprächen mit Schülern nutzen? Zu welchen Anlässen würde sich dieser Einsatz anbieten, wann würde er sich vielleicht auch verbieten?

✓ Übung 5: REVT – Einfach ein gutes Gefühl schaffen!

Die negativen Regelkreise kann man mit Hilfe der Beratung nicht nur durch ein rationales, also zielführendes Denken durchbrechen, man kann das Problem auch auf der Ebene der Gefühle oder körperlichen Empfindungen angehen. Denn der Regelkreis funktioniert auch positiv: Ein besseres Körpergefühl führt zu besserem Handeln, das wieder zu vernünftigeren Gedanken und die beeinflussen die Gefühle positiv. Einen negativen Regelkreis zu durchbrechen, das heißt auch: Kein Opfer mehr zu sein, zum Handelnden werden, der seine Situation wieder in die eigenen Hände nimmt. Den meisten Menschen fallen auf dieser Basis durch die Beratung schnell konkrete Lösungen für die Probleme ein, die sie gerade haben. So kann man ein gutes körperliches Empfinden zum Beispiel durch Sport herbeiführen. Jeder kennt den positiven Effekt, der nach einem Training eintritt. Ebenso kann man die progressive Muskelentspannung gezielt für eine positive Entwicklung des Körpergefühls einsetzen; auch Atemübungen sowie Meditationen sorgen durch Veränderungen des Körperempfindens für Ausgeglichenheit. In der Beratung wird der Ratsuchende zuerst seine negativen Empfindungen und Gefühle identifizieren. Dann wird er sie hinterfragen und positive Alternativen überlegen. Dabei wird er sich stets fragen: „Wie kann ich das positive Empfinden herbeiführen? Welche Strategien kenne ich? Welche passen zu mir?“ Der Berater ist hier als Wegbegleiter gefordert – stets unter Einsatz der zuvor erworbenen Berater-Tools.

Vorgehen:

Bilden Sie Kleingruppen zu drei Personen. Teilen Sie dann dieses Arbeitsblatt aus:

Bogen zur Übungsanleitung

A und B sprechen über einen Beratungsanlass aus dem beruflichen Alltag. A ist dabei der Berater und B die ratsuchende Person. C ist der Beobachter des Beratungsgesprächs.

Übung

REVT – Fühlen / Empfinden: Dauer etwa 12 bis 15 Minuten (pro Durchgang)

→ Führen Sie ein Beratungsgespräch mit mindestens zwei Phasen des GROW-Modells durch. Nutzen Sie dabei REVT für das Hinterfragen von rationalen / irrationalen Gefühlen / Empfindungen. Sie können sich an der GROW+REVT-Übersicht orientieren:

Dann:

Zweimal Rollentausch = Jedes Gruppenmitglied ist einmal Berater.

Danach:

Auswertung: Dauer: ca. 10 Minuten.

Alle geben reihum kurz (!) ihre Eindrücke wieder.

Am Schluss:

Plakat (Gruppenarbeit): Notieren Sie mit höchstens fünf (vernetzten) Stichwörtern (Selbst-)Einsichten, Fragen, Probleme und / oder Tipps für Beratungsgespräche.

Denkanregungen

- Was ist Ihnen bei der Übung leicht-, was ist Ihnen eher schwergefallen?
- Wie gut schätzen Sie nach der Übung Ihre Fähigkeit ein, mit Hilfe der REVT, dem Ratsuchenden zu zielführenden Gefühlen / Empfindungen zu verhelfen? Nutzen Sie zur Selbsteinschätzung eine Skala von 1 bis 10. 1 meint „sehr schlecht“, 10 heißt „top“.
- Wie haben Sie als Person, die beraten wird, erlebt, mit der REVT beraten zu werden?
- Wie erfolgreich waren Sie beim Analysieren und Verändern der Gefühle / Empfindungen des Gegenübers?

- Woran genau haben Sie gemerkt oder gefühlt, dass Sie die REVT erfolgreich anwenden?

- Die Übung REVT hinterfragt die Gefühle / Empfindungen des Ratsuchenden. Wozu dient das Ihrer Meinung nach? Welche Vor- und Nachteil kann die Analyse der Empfindungen für den Ratsuchenden haben?

- Welche neuen Erfahrungen – auch über sich selbst – haben Sie durch dieses Hinterfragen gemacht?

- Inwieweit würden Sie auch in Beratungsgesprächen mit Schülern deren Gefühle und Empfindungen analysieren wollen? Bei welchen Gelegenheiten oder Inhalten würde sich das anbieten oder auch verbieten?

✓ Übung 6: Perspektivwechsel

Manchmal stehen wir vor einem Problem und wissen einfach nicht weiter, auch wenn die Lösung grundsätzlich möglich erscheint; wir haben dann vielleicht das Gefühl, den Wald vor lauter Bäumen nicht zu sehen. Da kann es hilfreich sein, seine Perspektive zu ändern. Vielleicht ergeben sich so neue Wege zum Ziel. Wenn ein Ratsuchender hilflos zu uns kommt, sind wir als Berater gefordert: Wir müssen den Ratsuchenden aus der scheinbaren Ausweglosigkeit holen, damit er seinen Weg wieder selbst gehen kann. Manchmal kann ein einfaches Reframing schon helfen: „Was nützt es dir, dass die Situation so ist, wie sie ist?“ Oft ist die Lage aber schwieriger. Warum ist das so? Der Ratsuchende deutet nämlich sein eigenes Verhalten, das Verhalten einer anderen Person oder auch ein bestimmtes Geschehen sehr negativ. Durch diese Deutung ergibt sich für den Ratsuchenden eine Sackgasse, denn: Mit diesem Verhalten kann er sein Ziel nicht erreichen. In der Beratung könnte jedoch eine Referenztransformation gelingen, der Ratsuchende würde dann die Situation in einem neuen Kontext sehen. So würde er das negative Verhalten umdeuten und sich aus dieser neuen Sicht auf die Dinge Lösungen ergeben.

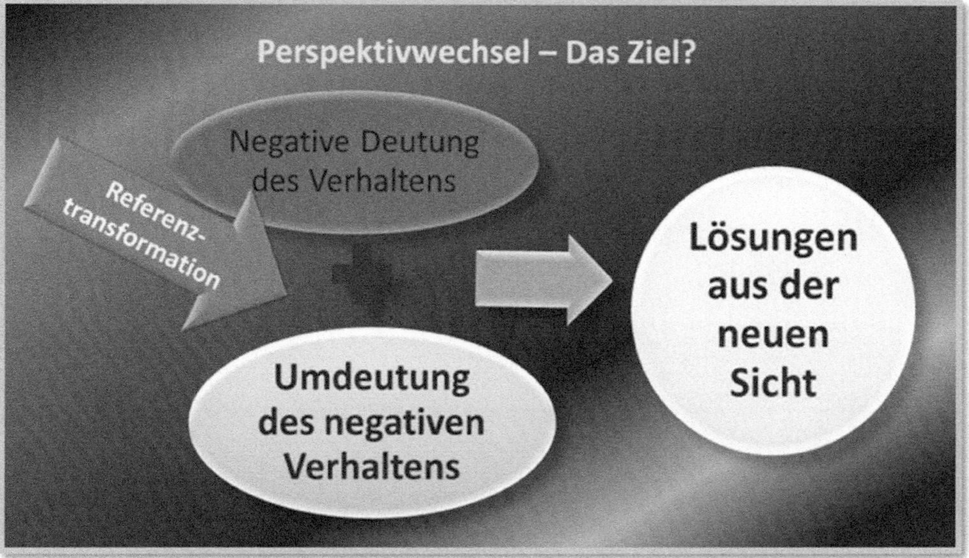

Hierbei unterstützen den Berater Sprachmuster, durch die der Ratsuchende eine neue Perspektive auf seine Situation erlangt. Etwa: „Alle Dinge haben zwei Seiten. Du siehst die Sache negativ. Welche positiven Seiten hat sie?“, „Wann hat dir … schon einmal genützt?“ oder „Was wäre, wenn X ein tolles Ziel hätte? Welches wäre das?“ Diese Interventionen brechen die bisherige negative Deutung auf und ermöglichen eine Umdeutung des Geschehens. So schafft sich der Ratsuchende eine neue Sicht, die ihm wie ein Licht am Ende des Tunnels erscheint, der bisher nur dunkel schien.

Vorgehen:

Bilden Sie Kleingruppen zu drei Personen. Teilen Sie dann dieses Arbeitsblatt aus:

Bogen zur Übungsanleitung

A und B sprechen über einen Beratungsanlass aus dem beruflichen Alltag. A ist dabei der Berater und B die ratsuchende Person. C ist der Beobachter des Beratungsgesprächs.

Übung

Perspektivwechsel: Dauer etwa 12 bis 15 Minuten (pro Durchgang)

→ Führen Sie ein Beratungsgespräch mit mindestens zwei Phasen des GROW-Modells durch. Führen Sie dabei mindestens einmal einen Perspektivwechsel durch und nutzen Sie alle Berater-Tools, die Sie sinnvoll finden. Sie können sich an der GROW-Übersicht orientieren:

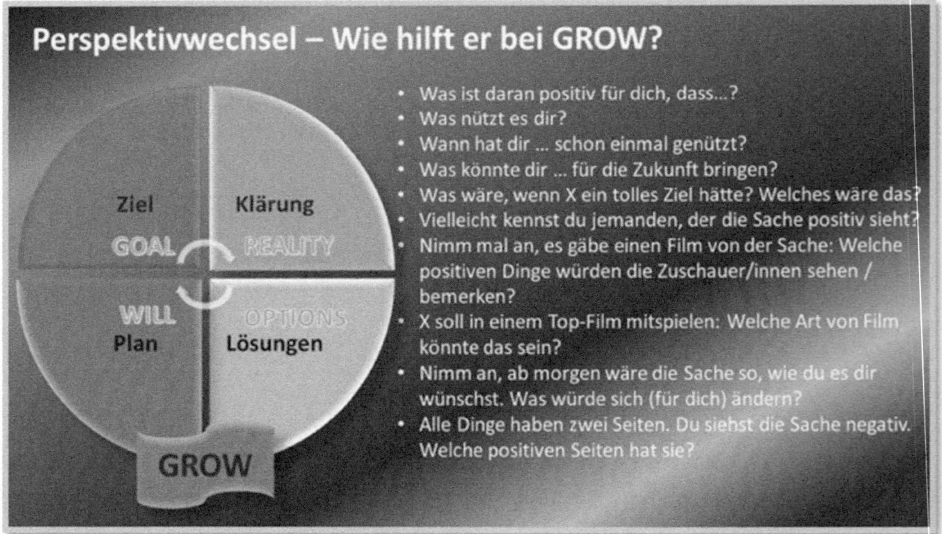

Dann:

Zweimal Rollentausch = Jedes Gruppenmitglied ist einmal Berater.

Danach:

Auswertung: Dauer: ca. 10 Minuten.

Alle geben reihum kurz (!) ihre Eindrücke wieder.

Am Schluss:

Plakat (Gruppenarbeit): Notieren Sie mit höchstens fünf (vernetzten) Stichwörtern (Selbst-)Einsichten, Fragen, Probleme und / oder Tipps für Beratungsgespräche.

Denkanregungen

- Was ist Ihnen bei der Übung leicht-, was ist Ihnen eher schwergefallen?
- Wie gut schätzen Sie nach der Übung Ihre Fähigkeit ein, beim Ratsuchenden einen Perspektivwechsel zu initiieren? Nutzen Sie zur Selbsteinschätzung eine Skala von 1 bis 10. 1 meint „sehr schlecht", 10 heißt „top".
- Wie haben Sie als Person, die beraten wird, erlebt, mit einem Perspektivwechsel beraten zu werden?
- Wie erfolgreich waren Sie beim Verändern der Perspektive des Gegenübers?
- Woran genau haben Sie gemerkt oder gefühlt, dass der Perspektivwechsel für die Person, die beraten wird, nützlich war?
- Die Übung Perspektivwechsel ermöglicht neue Blickwinkel hinsichtlich eines Ereignisses. Wozu dient das Ihrer Meinung? Welche Vor- und Nachteile haben neue Perspektiven für die Person, die beraten wird?
- Welche neuen Erfahrungen – auch über sich selbst – haben Sie durch dieses Hinterfragen gemacht?
- Inwieweit würden Sie Perspektivwechsel auch in Beratungsgesprächen mit Schülern nutzen? Zu welchen Anlässen würde sich dieser Einsatz anbieten oder auch verbieten?

✓ Übung 7: Visualisieren

In vielen Beratungen sprechen die Ratsuchenden Probleme an, die sie nachhaltig beschäftigen und emotional beeinflussen. Oft sogar so sehr beeinflussen, dass ein zielführendes Arbeiten an diesen Problemen in der Beratung erschwert wird. Der Ratsuchende ist dann so stark emotionalisiert, dass er kaum einen klaren Gedanken fassen und konstruktiv an einer Lösung für sein Problem arbeiten kann. Wie kann man diese Betroffenheit verringern? Hier helfen Visualisierungsübungen.

Um den Effekt von Visualisierungsübungen zu verstehen, muss man dies wissen: Menschen erinnern besonders intensiv erlebte Ereignisse meist assoziiert. Das bedeutet: Sie sehen die Situation noch einmal mit ihren eigenen Augen; sie sind dann wieder an dem Ort und sehen und spüren alles genau so, wie sie es erlebt haben – manchmal sogar noch intensiver. Wenn wir hingegen dissoziiert erinnern, dann sehen wir die Ereignisse nicht mehr mit unseren eigenen Augen, sondern wir sind Dritte in der Situation; wir sehen alles aus der Perspektive eines Beobachters, der sich einen Film der Ereignisse auf einer Leinwand oder auf dem Monitor anschaut. Der Effekt: Wir sind dann weniger stark emotional beteiligt. Dies kann positive oder auch negative Effekte haben, ganz nach Situation. In der Beratung kann das Dissoziieren vor allem bei sehr stark negativ besetzten Erlebnissen hilfreich sein. Der Berater schafft für den Ratsuchenden so eine innere Distanz zu den Erlebnissen, die Betroffenheit des Ratsuchenden verringert sich. Der Ratsuchende kann so seine Erfahrung neu bewerten, eine wichtige Voraussetzung, um Wege und Lösungen zu finden, die den Ratsuchenden die Kontrolle über sein Problem gewinnen lassen.

Vorgehen:

Bilden Sie Paare. Teilen Sie dann dieses Arbeitsblatt aus:

Bogen zur Übungsanleitung

Übung

Visualisieren: Dauer etwa 10 bis 12 Minuten (pro Durchgang)

→ Führen Sie die Übung zum Visualisieren durch. Partner A beginnt mit den Instruktionen. B führt diese aus. A gibt folgende Anweisungen:

Nehmen Sie eine bequeme Haltung ein. Setzen oder legen Sie sich hin. Atmen Sie einige Male langsam ein und durch den Mund wieder aus. Schließen Sie die Augen und genießen Sie für einen Augenblick die Ruhe.

Denken Sie an ein Ereignis, das Sie belastet.

Dissoziieren Sie, sobald Sie vor Ihrem inneren Auge ein Bild von dem unangenehmen Ereignis sehen. Stellen Sie sich dazu vor: Sie sitzen in einem Kino, in der zehnten Reihe. Und auf der Leinwand sehen Sie jetzt das unangenehme Ereignis als Film ablaufen. Sie können sich dort selbst sehen, wie Sie damals agiert haben. Und Sie können hören, was Sie damals gesagt haben.

Schauen Sie sich den Film an. Beobachten Sie Ihre Wahrnehmungen. Was hat sich gegenüber damals geändert? Wie fühlen Sie sich jetzt, wenn Sie das Ereignis aus dieser Distanz erleben? Nennen Sie vier Empfindungen; Ihr Partner notiert sie.

a) ....

b) ....

c) ....

d) ....

Stehen Sie jetzt in Ihrer Vorstellung auf; gehen Sie in die letzte Reihe des Kinos. Setzen Sie sich in die Mitte der letzten Reihe. Machen Sie es sich bequem und schauen Sie sich den Film auf der Leinwand an. Was ändert sich? Wie fühlen Sie sich jetzt? Nennen Sie alles, was Ihnen wichtig ist. Ihr Partner macht sich Notizen.

a) ....

b) ....

c) ....

d) ....

Stehen Sie in Ihrer Vorstellung noch einmal von Ihrem Platz auf. Schweben Sie nach oben unter die Decke des Kinos. Wenn Ihnen das schwerfällt, tun Sie einfach so, als ob Sie es könnten. Schauen Sie sich aus dieser Perspektive wieder den Film mit dem Ereignis an, das Sie belastet. Es wird dann bestimmt klappen. Was ändert sich? Wie fühlen Sie sich jetzt? Nennen Sie alles, was Ihnen wichtig ist. Ihr Partner macht sich Notizen.

a) ....

b) ....

c) ....

d) ....

Beenden Sie die Übung. Atmen Sie dazu zwei-, dreimal tief ein und aus und öffnen Sie die Augen.

Dann:

Rollentausch – B gibt die Instruktionen, A führt diese aus.

Danach:

Auswertung: Dauer ca. 10 Minuten.

Beide geben kurz (!) ihre Eindrücke wieder.

Am Schluss:

Plakat (Partnerarbeit): Notieren Sie mit höchstens fünf (vernetzten) Stichwörtern (Selbst-)Einsichten, Fragen, Probleme und / oder Tipps für Beratungsgespräche.

Denkanregungen

- Was ist Ihnen bei der Übung leicht-, was ist Ihnen eher schwergefallen?
- Wie gut schätzen Sie nach der Übung Ihre Fähigkeit ein, dem Ratsuchenden mit Hilfe einer Visualisierungsübung zu neuen Perspektiven zu verhelfen? Nutzen Sie zur Selbsteinschätzung eine Skala von 1 bis 10. 1 meint „sehr schlecht“, 10 heißt „top“.
- Wie haben Sie als Person, die beraten wird, die Visualisierungsübung erlebt?
- Wie erfolgreich waren Sie als Berater beim Verändern der Beobachterperspektive des Gegenübers?
- Woran genau haben Sie gemerkt, dass der Ratsuchende die Visualisierung angemessen umgesetzt hat und die Übung erfolgreich war?
- Die Übung zum Visualisieren reduziert die emotionale Beteiligung des Ratsuchenden. Wozu dient das Ihrer Meinung? Inwieweit hat der Effekt, der durch die Übung erreicht wird, Vorteile? Welche Nachteile könnte er haben?
- Welche neuen Erfahrungen – auch über sich selbst – haben Sie durch dieses Hinterfragen gemacht?
- Inwieweit würden Sie in Beratungsgesprächen mit Schülern Visualisierungsübungen nutzen? Zu welchen Anlässen würde sich dieser Einsatz anbieten?
- Schätzen Sie ein: Wie leicht wird es Schülern unterschiedlichen Alters fallen, Visualisierungsübungen mitzumachen?
- Unter welchen Bedingungen würden Sie grundsätzlich auf Visualisierungsübungen verzichten?

Tipps

- Manchen Teilnehmern gelingt es trotz der Anweisungen nicht, zu dissoziieren. Akzeptieren Sie dies und greifen Sie die Erfahrungen dieser Teilnehmer in der Reflexion wieder auf: Was habe ich wahrgenommen? Was hat mich daran gehindert zu dissoziieren?

- Für die ersten Durchführungen der Übung zum Dissoziieren ist sinnvoll, dass die Teilnehmenden eher mäßig belastende Ereignisse wählen, an denen sie die Übung ausprobieren wollen. Besonders stark belastende Ereignisse sind eben genau das: Besonders stark belastend. Deshalb fällt es dann (deutlich) schwerer zu dissoziieren, weil die emotionale Involviertheit zu groß ist; vor allem für Ungeübte. Dies kann leicht zu Frustration und einer belastenden Stimmung führen.

3.5 Aufgaben planen

„Der eine wartet, dass die Zeit sich wandelt, der andere packt sie kräftig an und handelt."
(Dante Alighieri, italienischer Dichter und Philosoph)

© Gerd Altmann auf https://pixabay.com/de

☑ Darum geht's.

Struktur des Lehrerberufs

Unterricht planen, Klassenarbeiten erstellen, Klausuren korrigieren, Elterngespräche führen, Schüler beraten, Projekte entwickeln: Die Aufgaben eines Lehrers sind zahlreich und vielfältig. In manchen Phasen des Schuljahres gibt es besonders viele, in anderen Phasen weniger Aufgaben. Da braucht es Übersicht und Struktur. Planung hilft dabei. Ohne Planung erlebt man sich schnell als belastet, oft als überlastet. Es scheint einfach die Zeit dafür zu fehlen, die vielen beruflichen und privaten Dinge unter einen Hut zu bringen.

Die Arbeitszeit ist bei Lehrern zweigeteilt: Die Präsenzzeit in der Schule einerseits und die Zeit am heimischen Schreibtisch andererseits, die die Lehrkräfte flexibel gestalten können. Die offene Struktur der Arbeitszeit und die komplexen Aufgaben sind eine Herausforderung für viele Lehrer: Gefühlt gibt es immer etwas zu tun! Und manche Kollegen sind daher auch immer beschäftigt, nicht selten unter Stöhnen und Klagen. Planung der eigenen Arbeitszeiten ist ein geeignetes Mittel, um erst gar nicht in diese Spirale einer

Dauerbelastung zu geraten: Was habe ich zu erledigen? Wann mache ich davon was und wie? Sind diese Fragen geklärt, kann man seine Aufgaben strukturiert planen und zielgerichtet angehen. Dazu gehört auch, Pausen einzuplanen und effektiv zu nutzen. So gelingen auch größere Aufgaben und Projekte, die die Lehrkraft längerfristig zeitlich binden. Ganz nach dem Motto: Wie verspeist man einen Elefanten – in kleinen Stücken. Machen wir uns ans Zerlegen!

 Das können sie tun.

✓ Übung 1: Ist-Zustand ermitteln

Vor der Planung steht die Diagnose: Wir ermitteln den Ist-Zustand des eigenen Arbeitsverhaltens. Für was verwende ich wie viel Zeit? Erst wenn ich weiß, wo ich stehe, kann ich mich von dort auf den Weg machen. Warum ist der Ist-Zustand so wichtig? Meist haben wir nur eine sehr ungenaue Vorstellung davon, was wir so den ganzen Tag tun und wie viel Zeit wir dafür verwenden. Erst belastbare Fakten helfen, wirklich effektiv planen zu können.

Vorgehen:

Diese Übung können Sie zweifach nutzen: Sie geben den Teilnehmenden die Aufgabe (a) etwa drei Wochen vor der Veranstaltung oder (b) direkt in der Sitzung.

Bogen zur Übungsanleitung

Übung

Dokumentieren Sie (a) für die drei Wochen vor der Veranstaltung oder (b) direkt in der Sitzung, wofür Sie Ihre Zeit investieren. Halten Sie Ihre dienstlichen Tätigkeiten (z. B. Unterricht inklusive Fahrzeiten zur Schule, Unterrichtsvorbereitung, Klausurkorrektur, Besprechungen und Konferenzen, sonstige Aktivitäten) möglichst genau fest. Machen Sie dasselbe für Ihre privaten Tätigkeiten (ggf. auch abstrakt als „privat“). Hinweis: Je präziser Ihre Beobachtungen und Notizen sind, desto konkreter können Sie diese später reflektieren. Ermitteln Sie danach einen prozentualen Mittelwert für alle Ihre jeweiligen Tätigkeiten. Stellen Sie Ihre Ergebnisse in einem Kreisdiagramm dar und bringen Sie dieses mit zur Veranstaltung.

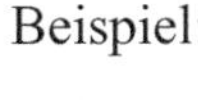

Beispiel:

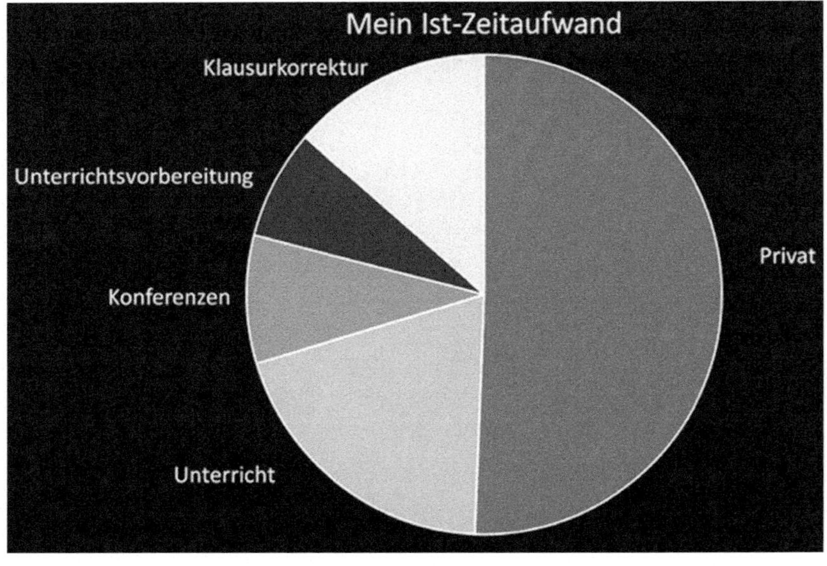

Danach tauschen sich die Teilnehmenden über ihre jeweils ermittelten Diagramme aus und überlegen erste Konsequenzen aus ihren Ergebnissen.

Bilden Sie Paare. Teilen Sie dann dieses Arbeitsblatt aus:

Bogen zur Übungsanleitung

Übung

Stellen Sie sich gegenseitig Ihre Diagramme zum persönlichen Zeitaufwand vor: Wofür verwenden Sie wie viel Zeit? Nennen Sie dabei, soweit möglich, (Hinter)-Gründe für den jeweiligen Zeitaufwand. Wie zufrieden sind Sie mit dem Zeitaufwand für Ihre einzelnen Tätigkeiten?

Danach:

Auswertung: Dauer ca. 10 Minuten.

Identifizieren Sie gemeinsam besonders auffällige „Zeitfresser" und überlegen Sie, wie man diesen am besten begegnen kann.

Am Schluss:

Plakat: Notieren Sie mit höchstens fünf (vernetzten) Stichwörtern (Selbst-)Einsichten, Fragen, Probleme und / oder Tipps für die Art, wie Sie in Zukunft mit Ihrer Zeit umgehen möchten.

Im Anschluss an diese Partnerübung können Sie die Ergebnisse im Plenum vorstellen und reflektieren lassen. Dabei kommt es zu gemeinsamen Erkenntnissen. Die beziehen sich auf bestimmte Zeitfresser, auf das Maß an Zufriedenheit mit dem eigenen Verhalten und ebenso auf Lösungen, mit Zeitfressern umzugehen. Greifen Sie die Gemeinsamkeiten auf und konkretisieren Sie sie mit der Gruppe: Welche Zeitfresser sind besonders auffällig? Woran liegt das? Wie kann man diesen Zeitfressern so begegnen, dass sie weniger stören? Viele Teilnehmende haben zu diesen Fragen Erfahrungen, auf die Sie konstruktiv und vertiefend aufbauen können.

Denkanregungen

- Was ist Ihnen bei der Übung leicht-, was ist Ihnen eher schwergefallen?
- Welche Ergebnisse und Erkenntnisse bezüglich Ihres Zeitaufwandes haben Sie überrascht beziehungsweise worin fühlten Sie sich bestätigt?
- Wie gut schätzen Sie nach der Übung Ihre Fähigkeit zur Selbstreflexion bezüglich des Zeitmanagements ein? Nutzen Sie zur Selbsteinschätzung eine Skala von 1 bis 10. 1 meint „sehr schlecht“, 10 heißt „top“. Begründen Sie Ihre Einschätzung.
- Was haben Sie während dieser Übung über sich und Ihren Zeitaufwand Neues erfahren?
- Wie haben Sie sich beim Klären und Reflektieren Ihres Zeitaufwands gefühlt? Wie erklären Sie sich Ihre Gefühle?
- Welche Konsequenzen ziehen Sie aus Ihrer Selbstreflexion für sich?
- Welche neuen Erfahrungen – auch über sich selbst – haben Sie durch diese Übung gemacht?
- Inwieweit würden Sie diese Übung zum Erstellen des Zeitaufwandes mit Schülern nutzen? Zu welchen Anlässen würde sich diese Übung anbieten?

✓ Übung 2: Soll-Zustand ermitteln

Nach Übung 1 weiß man, wo man steht. Aber dabei soll es ja nicht bleiben! Denn die meisten Kollegen sind mit ihren Ist-Zuständen, was ihren Zeitaufwand angeht, (sehr) unzufrieden. Daher braucht man eine Vision! Eine Vision davon, wie man seine Zeit in Zukunft nutzen möchte. Dieser Soll-Zustand ist sehr individuell und abhängig von den Vorstellungen und Bedürfnissen der Teilnehmenden. Wichtig: Es sollen Visionen und keine Utopien entstehen! Die Vorstellungen über Zeitaufwand und -einsatz müssen realistisch und realisierbar sein. Denn die klügste Vorstellung nutzt wenig, wenn man sie nicht umsetzen kann. Solche Vorstellungen demotivieren dann eher. Ein Austausch mit den anderen Teilnehmenden kann helfen, die Soll-Zustände kritisch zu reflektieren und zu prüfen, inwieweit sie umsetzbar sind.

Vorgehen:

Diese Übung ist zweiphasig: Zuerst arbeiten die Teilnehmer mit Blick auf ihre Arbeitszeit einzeln an ihren Wunsch-Soll-Zuständen. Die Ergebnisse lassen Sie kooperativ reflektieren.

Bogen zur Übungsanleitung

Übung

Überlegen Sie, wofür Sie Ihre Zeit investieren *wollen*. Notieren Sie Ihre dienstlichen Tätigkeiten (z.B. Unterricht inklusive Fahrzeiten zur Schule, Unterrichtsvorbereitung, Klausurkorrektur, Besprechungen und Konferenzen, Sonstiges) möglichst genau. Machen Sie dasselbe für Ihre privaten Tätigkeiten (ggf. auch abstrakt als „privat"). Hinweis: Je präziser Ihre Angaben sind, desto konkreter können Sie diese später reflektieren. Ermitteln Sie anschließend einen prozentualen Mittelwert für alle Ihre jeweiligen Tätigkeiten. Stellen Sie Ihre Ergebnisse in einem Kreisdiagramm dar.

Beispiel:

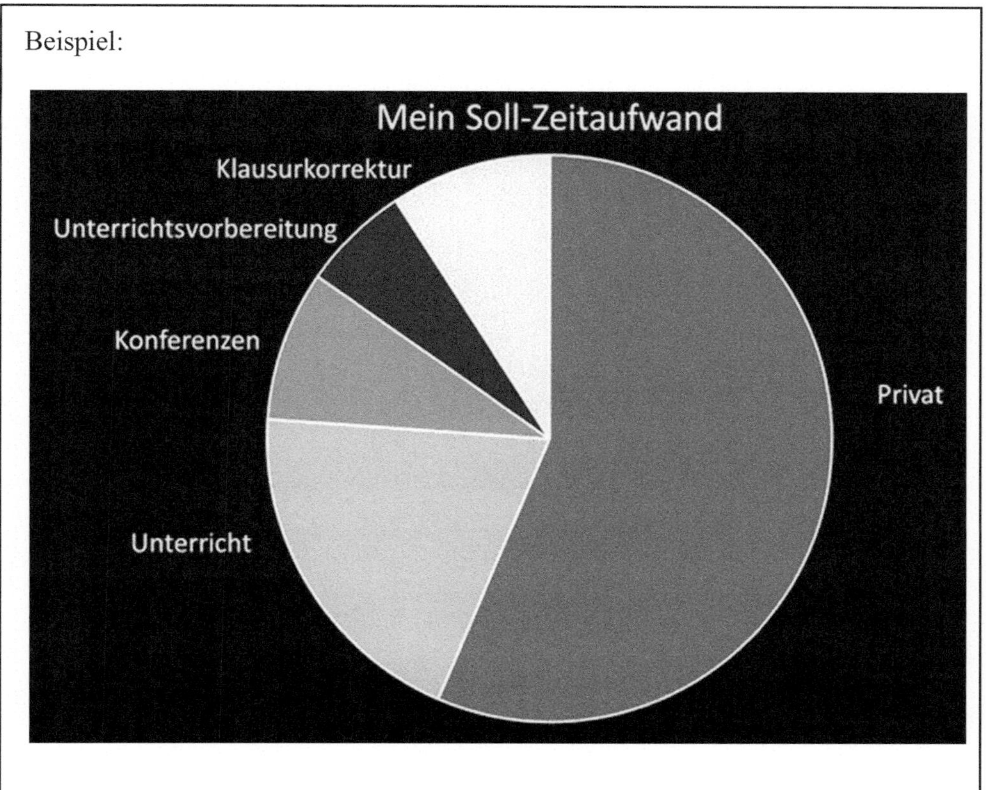

Danach startet der Austausch über die Diagramme. Hier können die Teilnehmer erste Konsequenzen aus ihren Ergebnissen ziehen und sich gegenseitig Tipps für die Umsetzung der Ziele geben.

Bilden Sie Paare. Teilen Sie dann dieses Arbeitsblatt aus:

Bogen zur Übungsanleitung

Übung

Stellen Sie sich gegenseitig Ihre Wunsch-Diagramme zu Ihren Arbeitszeiten vor: Wofür möchten Sie wie viel Zeit aufwenden? Nennen Sie dabei (Hinter)Gründe für den jeweiligen Wunsch-Zeitaufwand. Erläutern Sie, wie Sie Ihr Ziel erreichen möchten. Geben Sie sich danach Rückmeldungen zu Ihren Wunsch-Vorstellungen und deren Umsetzung. Gehen Sie dabei auch auf mögliche Herausforderungen ein und wie Sie diesen begegnen könnten.

Danach:

Auswertung: Dauer ca. 10 Minuten.

Reflektieren Sie Ihre Wunsch-Zeitaufwände und deren Umsetzung. Entwickeln Sie Tipps zum Realisieren von Wunsch-Zeitaufwänden. Formulieren Sie dafür möglichst konkrete (Selbst)Aufträge.

Am Schluss:

Plakat: Notieren Sie mit höchstens fünf (vernetzten) Stichwörtern (Selbst-)Einsichten, Fragen, Probleme und / oder Tipps für das Zeitmanagement / die Entspannung.

Im Anschluss an diese Partnerübung können Sie die Ergebnisse im Plenum vorstellen und reflektieren lassen. Vertiefen Sie die vorläufigen Ideen der Teilnehmer und entwickeln Sie mit der Gruppe einen „Master-Plan“ mit konkreten Schritten für die Umsetzung des Soll-Zeitaufwandes. Gehen Sie dabei sehr genau auf Herausforderungen ein, die sich auf dem Weg zum Ziel ergeben (können). Den „Master-Plan“ kann jeder Teilnehmer für sich weiter individualisieren.

Denkanregungen

- ➢ Was ist Ihnen bei der Übung leicht-, was ist Ihnen eher schwergefallen?
- ➢ Welche Rückmeldungen zu Ihrem Diagramm haben Sie gewundert, irritiert, besorgt? Welche Rückmeldungen haben Sie weitergebracht?
- ➢ Wie gut schätzen Sie nach der Übung Ihre Fähigkeit ein, Ihre Zeit sinnvoll zu planen? Nutzen Sie zur Selbsteinschätzung eine Skala von 1 bis 10. 1 meint „sehr schlecht“, 10 heißt „top“.
- ➢ Welche Einsichten und Anregungen anderer Teilnehmer haben Sie in Ihrem Ziel bestärkt?
- ➢ Wie haben Sie sich beim Erstellen und Reflektieren Ihres Wunsch-Zeitaufwands gefühlt? Wie erklären Sie sich das Gefühl?
- ➢ Welche Konsequenzen ziehen Sie aus Ihrer Selbstreflexion für andere Lebensbereiche?
- ➢ Wie gut fühlen Sie sich nun vorbereitet, um Ihren Soll-Zeitaufwand zu erreichen? Inwieweit trauen Sie sich dessen Umsetzung nun zu? Was fehlt vielleicht noch, damit Sie das Ziel noch sicherer als bisher ansteuern können?
- ➢ Inwieweit würden Sie diese Übung zum Erstellen des Zeitaufwandes mit einzelnen Schülern oder mit Schülergruppen nutzen? Zu welchen Anlässen würde sich der Einsatz lohnen?

✓ Übung 3: Zeitplan aufstellen

Einen Plan davon zu haben, wie viel Zeit man für was nutzen möchte, ist das eine, das andere ist das Umsetzen des Plans. Dafür sind Tools nützlich, die dabei helfen, aus dem Plan Wirklichkeit werden zu lassen. Das Aufstellen eines Zeitplans ist ein erster Baustein in diese Richtung. Dies klingt zunächst recht einfach, ist in der Praxis aber oft schwieriger, als man vorher denkt. Viele Kollegen haben zwar einen Plan davon, was sie tun wollen, tun es aber dann trotzdem nicht. Woran liegt das? Oft fehlt dem Plan eine klare Struktur. Was genau habe ich zu erledigen? Wann genau muss es fertig sein? Wie lange genau werde ich dafür brauchen? Statt vager Ansagen nach Bauchgefühl geht es ums präzise Benennen von Aufgaben, Zeitfenstern und Fristen. Und es geht darum, sein eigenes Arbeitsverhalten nicht zu überschätzen, sondern in der Planung und Umsetzung angemessen zu berücksichtigen. Das Ziel: Effektiver handeln. Dadurch wird die Selbstwirksamkeit intensiver erlebt. Ein wahrscheinlicher Effekt: Mehr Freizeit. Für viele Lehrer ein starkes Motiv, das eigene Verhalten zu überdenken.

Dieses Vorhaben benötigt etwas Zeit und eine schrittweise Entwicklung ist sinnvoll. Die folgenden Übungen mit zeitlichem Abstand zueinander durchzuführen ist sinnvoll; so ist genug Zeit da, um sich auszuprobieren und zu evaluieren.

Vorgehen:

Planung nutzt wenig, wenn man nicht weiß, wie viel Zeit man für einzelne Aufgaben aufwenden muss. Erst wenn man einschätzen kann, wie lange man für die Korrektur einer Klassenarbeit in der fünften Klasse braucht, kann man das Zeitfenster für die Korrektur des Klassensatzes im Kalender recht genau einplanen. Dafür braucht man eine Bestandsaufnahme, die die eigenen Erfahrungen mit bestimmten Aufgaben reflektiert. Am besten stößt man diese Reflexion schon einige Zeit vor der Veranstaltung an.

Bogen zur Übungsanleitung

Übung

Angemessenen Zeitaufwand ermitteln

Beobachten Sie sich und Ihr Arbeitstempo genau. Stoppen Sie die Zeit, die Sie für einzelne Arbeitsprozesse brauchen. Legen Sie eine Liste Ihrer häufigsten Tätigkeiten an. Notieren Sie darin den jeweiligen Zeitaufwand, den Sie ermittelt haben. Rechnen Sie bei jeder Tätigkeit einen Zeitpuffer von 10 % hinzu.

Bringen Sie die Übersicht mit zur Sitzung.

Diese Übersichten bringen alle Teilnehmenden mit in die Veranstaltung und haben somit eine Grundlage, um sich mit sich selbst und ihrem Zeitplan auseinandersetzen zu können. Als weiterer Schritt dazu dient die nächste Übung, bei der alle Teilnehmer die Korrektur von Klausuren in ihren Terminkalender einplanen sollen.

Bogen zur Übungsanleitung

Übung

Zeitplan zur Klausurkorrektur erstellen:

Sie möchten in den nächsten fünf Tagen zwanzig Grundkursklausuren korrigieren. Sie wissen: Für jede Klausur brauchen Sie im Durchschnitt 30 Minuten. Für das Eintragen aller Ergebnisse in die passenden Listen veranschlagen Sie pro Arbeit drei Minuten. Planen Sie die Korrektur. Nutzen Sie dabei Ihren eigenen Terminkalender für die nächsten fünf Tage. Verplanen Sie nur die Hälfte Ihrer Zeit! Kleinere Tätigkeiten sowie Kurzfristiges und Unvorhergesehenes werden Ihren Zeitetat in Anspruch nehmen.

Danach:

Auswertung: Dauer ca. 10 Minuten.

Reflektieren Sie Ihre Zeitplanung der Klausurkorrektur mit einem Partner. Entwickeln Sie Tipps zum Realisieren von Zeitplänen. Formulieren Sie dafür möglichst konkrete (Selbst)Aufträge.

Am Schluss:

Plakat: Notieren Sie mit höchstens fünf (vernetzten) Stichwörtern (Selbst-)Einsichten, Fragen, Probleme und / oder Tipps für das Zeitmanagement / die Entspannung.

Die Ergebnisse können anschließend im Plenum erörtert werden, sodass hinsichtlich der Zeitplanung erste Erfahrungen gemacht und ausgetauscht werden können durch diese Übung. In einem nächsten Schritt geht es für die Teilnehmer dann an ihre tatsächlichen Aufgaben und ihre konkrete Zeitplanung für die kommenden zwei Wochen.

Bogen zur Übungsanleitung

Übung

Angemessenen Zeitplan erstellen

Erstellen Sie einen möglichst konkreten Zeitplan für die kommenden zwei (Arbeits)-Wochen. Tragen Sie in diesen Zeitplan alle Ihre schulischen und privaten Tätigkeiten ein und auch möglichst genau, wie viel Zeit Sie für die jeweiligen Tätigkeiten aufwenden werden. Übertragen Sie Ihre Planungen in einen digitalen Kalender. Nutzen Sie unterschiedliche Farben für unterschiedliche Kategorien von Tätigkeiten (zum Beispiel grün für private, blau für dienstliche Tätigkeiten).

Beachten Sie folgende Zeitplan-Tipps:

- Schaffen Sie sich Zeitpuffer! Verplanen Sie nur die Hälfte Ihrer Zeit! Kleinere Tätigkeiten sowie Kurzfristiges und Unvorhergesehenes werden Ihren Plan sonst immer wieder in Unordnung bringen.
- Versuchen Sie, eine Zeitreserve herauszuarbeiten. Besser, Sie benötigen Ihre Zeitpuffer nicht, als dass Ihre Planung kollabiert.
- Vergessen Sie die kleinen „3-Minuten-Aufgaben" nicht – wie etwa das Beantworten von E-Mails.
- Beginnen Sie mit komplexen Aufgaben möglichst früh, um am Ende des Prozesses nicht in Zeitnot zu geraten.
- Vermeiden Sie Perfektionismus! Gute Ergebnisse sind gut genug. Und Ihre Zeitkontingente können Sie so viel leichter einhalten.
- Halten Sie sich an Ihren Zeitplan! Aufschieberitis ist weit verbreitet und schadet immer. Also: Lassen Sie sich nicht ablenken!

Danach:

Auswertung: Dauer ca. 10 Minuten.

Reflektieren Sie Ihre Zeitplanung und deren Umsetzung mit einem Partner. Entwickeln Sie gemeinsam Tipps zum Realisieren von Zeitplänen. Formulieren Sie dafür möglichst konkrete (Selbst)Aufträge.

Am Schluss:

Plakat: Notieren Sie mit höchstens fünf (vernetzten) Stichwörtern (Selbst-)Einsichten, Fragen, Probleme und / oder Tipps für Ihr Zeitmanagement.

© Gerd Altmann auf https://pixabay.com/de

Nach dieser Übung haben alle Teilnehmer einen individuellen und konkreten Zeitplan für die kommenden zwei Wochen, den sie in der Praxis erproben können. Für die Selbst-Evaluation kann folgender Bogen nützlich sein:

Bogen zur Übungsanleitung

Evaluation: Umsetzung des Zeitplans

Setzen Sie Ihren Zeitplan im Alltag um. Halten Sie Ihr Handeln mit Hilfe des folgenden Bogens fest:

Phase	Ergebnisse
Motivation	Was genau interessiert Sie bei der Umsetzung Ihres Zeitplans?
Vorgehen	Wie genau wollen Sie bei der Selbst-Beobachtung vorgehen? Nennen Sie mindestens drei Aspekte, die Ihnen wichtig sind. • • •
Ergebnisse	Was genau haben Sie mit Blick auf Ihre drei Beobachtungsaspekte festgestellt? Nennen Sie mindestens drei Ergebnisse und beschreiben Sie sie möglichst genau. • • •
Erklärungen	Wie erklären Sie sich Ihre Beobachtungen? Formulieren Sie mindestens drei Gründe. • • •
Füllen Sie den Bogen vollständig aus und bringen Sie ihn zur folgenden Veranstaltung wieder mit.	

In der Sitzung greifen Sie die Erfahrungen der Teilnehmenden auf und vertiefen sie. Dies geschieht zunächst kooperativ, danach im Plenum.

Bogen zur Übungsanleitung

Evaluation: Umsetzung des Zeitplans

Bearbeiten Sie die folgenden Fragen und Aufgaben:

Was sind die drei wichtigsten Erkenntnisse, die Sie aus den Ergebnissen Ihrer Selbst-Beobachtung ableiten?

-
-
-

Wie genau können Sie Ihre wichtigsten Erkenntnisse in Ihren Alltag integrieren? Nennen Sie mindestens zwei Möglichkeiten und beschreiben Sie kurz, was das konkret für Ihr Handeln bedeutet.

-
-

Welche Hindernisse sehen Sie auf dem Weg zum Ziel? Nennen Sie mindestens zwei Hindernisse.

-
-

Wie stellen Sie sicher, dass Sie die Hindernisse auf dem Weg zum Ziel auch meistern? Erläutern Sie zu jedem Hindernis mindestens eine Maßnahme.

-
-

Wie genau und in welchem Zeitraum wollen Sie prüfen, ob Sie beim Umsetzen Ihrer Erkenntnisse erfolgreich sind? Nennen Sie mindestens zwei Möglichkeiten zur Evaluation Ihrer Ergebnisse.

-
-

Danach:

Auswertung: Dauer ca. 15 Minuten.

Reflektieren Sie Ihre Zeitplanung und deren Umsetzung mit einem Partner. Entwickeln Sie gemeinsam Tipps zum Erstellen und Umsetzen von Zeitplänen. Formulieren Sie dafür möglichst konkrete (Selbst)Aufträge.

Am Schluss:

Plakat: Notieren Sie mit höchstens fünf (vernetzten) Stichwörtern (Selbst-)Einsichten, Fragen, Probleme und / oder Tipps für Ihr Zeitmanagement.

Denkanregungen

- Was ist Ihnen bei der Übung leicht-, was ist Ihnen eher schwergefallen?
- Welche Ergebnisse und Erkenntnisse bezüglich Ihres Zeitaufwandes und Ihrer Zeitplanung haben Sie überrascht beziehungsweise worin fühlten Sie sich bestätigt?
- Wie gut schätzen Sie nach der Übung Ihre Fähigkeit ein, einen Zeitplan aufzustellen und einzuhalten? Nutzen Sie zur Selbsteinschätzung eine Skala von 1 bis 10. 1 meint „sehr schlecht", 10 heißt „top".
- Was haben Sie während dieser Übung über Ihre Fähigkeit gelernt, Ihre Vorstellung in konkretem Handeln umzusetzen?
- Wie haben Sie sich beim Erstellen, Umsetzen und Reflektieren Ihres Zeitplans gefühlt?
- Welche Konsequenzen ziehen Sie aus Ihrer Selbstreflexion für andere Lebensbereiche?
- Was müsste noch geschehen, damit Sie Ihren Zeitplan leichter als bisher umsetzen können?
- Inwieweit würden Sie diese Übung zum Erstellen eines Zeit- und Arbeitsplans mit Schülern nutzen? Welche Probleme könnte es dabei geben?

✓ Übung 4: Arbeits- und Aufgabenplan entwickeln

Eine Übersicht über seine Aufgaben und Termine zu haben, ist für ein gutes Selbst-Management unverzichtbar. Beim Zeitplan aus Übung 3 sollte es aber nicht bleiben; zwar ist der eine gute Grundlage, aber er ist nur kurzfristig nützlich. Planen sollte man nicht nur für heute oder morgen, sondern auch mittel- und langfristig, als Lehrkraft am besten für ein Schulhalbjahr. Nur so erhält man wirklich eine Übersicht und Kontrolle über sich, seine Aufgaben und privaten Termine. Die Übersicht auch zu behalten ist möglich; dazu muss man seine Planung ständig überprüfen und aktualisieren.

© Gerd Altmann auf https://pixabay.com/de

Vorgehen:

Die Arbeit am Aufgabenplan geschieht wieder kooperativ: Zunächst ist jeder Teilnehmer für sich gefordert und dann wird die Planungsarbeit in der Partner- oder Gruppenarbeit reflektiert und erweitert.

Bogen zur Übungsanleitung

Übung

Arbeits- und Aufgabenplan entwickeln:

Erstellen Sie eine Übersicht über die Aufgaben und Termine, die in den kommenden Monaten anstehen: Was müssen Sie in den kommenden zwei Wochen, im kommenden Monat, im kommenden Halbjahr erledigen? Bündeln Sie die Aufgaben in Kategorien: kurzfristig, mittelfristig, langfristig.

Erstellen Sie dann einen Arbeitsplan für das kommende Halbjahr. Tragen Sie in diesen Arbeitsplan alle Ihre schulischen und privaten Tätigkeiten ein und auch möglichst genau, wie viel Zeit Sie für die jeweiligen Tätigkeiten aufwenden werden. Je kurzfristiger eine Aufgabe erledigt sein muss, desto konkreter sollte die Planung sein. Nutzen Sie für Ihre Planungen einen digitalen Kalender. Unterschiedliche Kalenderfarben können helfen, unterschiedliche Tätigkeiten zu unterscheiden (zum Beispiel grün für private Tätigkeiten, blau für dienstliche Tätigkeiten). Beachten Sie auch die Zeitplan-Tipps aus Übung 3 (siehe oben Seite 127).

Danach:

Auswertung: Dauer ca. 10 Minuten.

Reflektieren Sie Ihre Arbeitsplanung und deren Umsetzung mit einem Partner. Entwickeln Sie fünf Tipps für das Realisieren von Zeitplänen. Formulieren Sie dafür möglichst konkrete (Selbst)Aufträge.

Am Schluss:

Plakat: Notieren Sie mit höchstens fünf (vernetzten) Stichwörtern (Selbst-)Einsichten, Fragen, Probleme und / oder Tipps für das Aufgabenmanagement.

Nach dieser Übung haben alle Teilnehmer einen Arbeitsplan für die kommenden Wochen und Monate. Der Plan kann nun erprobt werden. Für die individuelle Weiterentwicklung ist neben der Selbst-Reflexion auch Feedback nützlich. Feedback-Schleifen können Sie etwa durch regelmäßige Sitzungen schaffen. Oder die Teilnehmer tauschen sich privat paarweise oder in Kleingruppen aus.

Für die Selbst-Evaluation und die vertiefende Reflexion der Ergebnisse können Sie die Bögen aus Übung 3 nutzen (siehe oben Seite 128).

Denkanregungen

- Was ist Ihnen bei der Übung leicht-, was ist Ihnen eher schwergefallen?
- Welche Ergebnisse und Erkenntnisse bezüglich Ihrer Arbeits- und Aufgabenplanung haben Sie überrascht?
- Wie gut schätzen Sie nach der Übung Ihre Fähigkeit ein, ohne Hilfe Aufgabenpläne zu erstellen, die auch umsetzbar sind? Nutzen Sie zur Selbsteinschätzung eine Skala von 1 bis 10. 1 meint „sehr schlecht“, 10 heißt „top“.
- Was haben Sie während dieser Übung über sich und Ihre Arbeits- und Aufgabenplanung Neues gelernt?
- Wie haben Sie sich beim Umsetzen Ihres Arbeitsplans gefühlt? Wie erklären Sie sich diese Gefühle?
- Was müssten Sie vielleicht noch tun, um noch besser auf Schwierigkeiten während des Umsetzens Ihrer Pläne reagieren zu können?
- Inwieweit würden Sie diese Übung zum Erstellen eines Arbeitsplans mit Schülern nutzen? Welche Vorteile und welche Schwierigkeiten sehen Sie dabei für die Schüler?

✓ Übung 5: Prioritäten setzen

Die Arbeitsplanung und das Arbeitsverhalten sind erste wichtige Schritte zu einem erfolgreichen und selbstwirksamen Zeit-Management. Aber dazu gehört noch mehr: Man muss die vielen Aufgaben, die im Lehrerberuf anfallen, priorisieren. Welche Aufgabe ist besonders wichtig? Welche dringend? Welche eher bedeutungslos? Denn: Wichtige und dringende Aufgaben müssen unbedingt erledigt werden, sie dürfen nicht untergehen; unwichtige und langfristige Aufgaben dagegen dürfen für eine gewisse Zeit in den Hintergrund rücken. Doch wie setzt man Prioritäten? Und wie setzt man sie auch um?

Vorgehen:

Prioritäten setzen – das ist manchmal leichter gesagt als getan. Eine einfache Möglichkeit, Prioritäten zu setzen, ist das A-B-C-Prinzip.

Beim A-B-C-Prinzip nutzt man drei Kategorien, um seine Aufgaben einzuteilen:

(1) Sehr wichtig

(2) Wichtig

(3) Weniger Wichtig

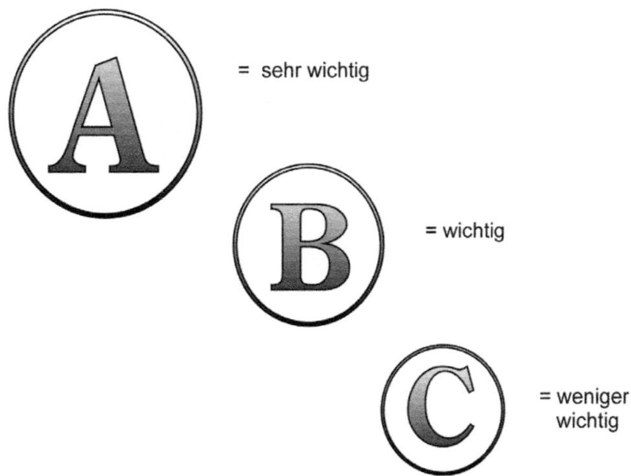

Das A-B-C-Prinzip ist in der Praxis leicht zu nutzen:

1. In Kategorie A „sehr wichtig" gehören zum Beispiel Aufgaben, die von großer Bedeutung sind und bald erledigt sein müssen, also Aufgaben mit kurzen Deadlines. Noten etwa müssen in einem kurzen Zeitfenster in Listen eingetragen werden, Abiturarbeiten sind in einem knappen Zeitfenster zu korrigieren. Auch kritische Situationen haben hier ihren Platz – Disziplinarmaßnahmen zum Beispiel oder Reaktionen auf Unfälle oder Notenwidersprüche.
2. Kategorie B „wichtig" beinhaltet Projekte und deren Planung. Wichtige Aufgaben, die aber einen nicht ganz so großen Nach- oder Zeitdruck haben: Sie wollen zum Beispiel für Mitglieder Ihres Kollegiums eine Fortbildung anbieten oder Sie planen mit

Schülern einen Gottesdienst oder ein Sportfest. Privat gehören hierher alle Ihre Beziehungen und Kontakte, die Sie gern langfristig pflegen wollen und sicher auch Ihre regelmäßigen sportlichen Aktivitäten wie Radfahren, Schwimmen oder Ihre Besuche im Fitnessstudio.

3. Kategorie C sammelt die Aufgaben, die „weniger wichtig" sind. Anrufe, E-Mails oder SMS, die Sie beim Arbeiten oder beim Relaxen stören, gehören dazu, aber auch informelle Gespräche mit Kollegen oder ein spontanes Eingehen auf Fragen oder Hilferufe von Kollegen, die die Mappe mit Vertretungsaufgaben oder ein bestimmtes Buch suchen. Hierher gehören aber auch Aufgaben, die man gar nicht erledigen muss: E-Mail-Newsletter von Online-Versandhäusern zu lesen können Sie sich zum Beispiel ebenso sparen wie Anrufe aus purer Langeweile. In der Illustrierten zu blättern ist ebenfalls überflüssig wie im Internet zu surfen, wenn Sie damit kein Ziel verfolgen.

Das Einordnen der Aufgaben kann in manchen Fällen schwierig sein. Ab wann ist das Erledigen einer Aufgabe sehr wichtig? Ab wann ist eine Aufgabe „nur" wichtig? Und was ist wirklich weniger wichtig oder sogar unwichtig? Wer hier zu lange grübelt, vertut Zeit, die er für Besseres und Interessanteres gebrauchen kann. Das heißt: Entscheiden Sie zügig und verlassen Sie sich auf Ihre Intuition. Die wird Sie fast immer richtig leiten. Und bedenken Sie bitte: Die Kategorisierung ist nicht in Stein gemeißelt, wenn sie einmal erfolgt ist! Jede Woche dürfen Sie die Kategorisierung ändern, soweit Ihnen das nötig erscheint. Deadlines zum Beispiel rücken näher, dadurch wird weniger Wichtiges irgendwann wichtig. Eine Frage kann Ihnen helfen, Ihre Aufgaben reflektiert einzuordnen: Welche Ziele habe ich in dieser Woche?

© Gerd Altmann auf https://pixabay.com/de

Bogen zur Übungsanleitung

Übung

Prioritäten setzen:

1. Listen Sie alle Aufgaben auf, die Sie erledigen müssen. Fertigen Sie dazu eine einfache Tabelle an. In die Tabelle gehören dienstliche und private Aktivitäten. Vergessen Sie dabei nicht Alltagsaufgaben (z. B. Einkaufen, bügeln oder Wäsche waschen).
2. Ordnen Sie die Aufgaben, die Sie auf Ihre Liste gesetzt haben. Nutzen Sie dafür das A-B-C-Prinzip.
3. Überprüfen Sie Ihre Liste jeden Tag / jede Woche und ordnen Sie sie bei Bedarf neu. Eine Orientierung für Ihre Priorisierung: Welche Ziele habe ich in dieser Woche?

Danach:

Auswertung: Dauer ca. 10 Minuten.

Reflektieren Sie Ihre Priorisierung mit einem Partner. Entwickeln Sie Tipps zum Setzen von Prioritäten. Formulieren Sie dafür möglichst konkrete (Selbst)Aufträge.

Am Schluss:

Plakat: Notieren Sie mit höchstens fünf (vernetzten) Stichwörtern (Selbst-)Einsichten, Fragen, Probleme und / oder Tipps für das Setzen von Prioritäten.

Nach dieser Übung haben alle Teilnehmer eine konkrete Prioritätenliste für ihre Aufgaben. Die Liste kann nun in der Praxis erprobt werden. Für die individuelle Weiterentwicklung kann dabei neben Selbst-Reflexion auch Feedback nützlich sein. Für die Selbst-Evaluation und die anschließende Vertiefung in der Gruppe können Sie die Arbeitsblätter aus Übung 3 nutzen (siehe oben Seite 128).

Beim Umsetzen der Prioritäten tritt oft ein Phänomen auf: Aufschieberitis. „Unangenehme" Aufgaben werden nicht ihrer Kategorie entsprechend eingeordnet und die Umsetzung wird (immer wieder) nach hinten geschoben. Fängt man dann doch zu arbeiten an, lässt man sich dabei gerne von Nebensächlichem stören oder weicht auf andere Tätigkeiten aus: So können unvorhergesehene Telefonate eine willkommene Ablenkung sein ebenso wie das sonst verhasste Bügeln, wenn das lästige Korrigieren von Klausuren ansteht. Sich vom Arbeiten ablenken zu lassen hat enorme Nachteile: Beim Korrigieren von Klassenarbeiten etwa muss man sich stets neu in deren Struktur hineindenken. Das kostet Zeit und vor allem immer wieder Überwindung weiterzumachen. Man wird sich also noch bereitwilliger ablenken lassen. Selbst der Paketzusteller kann dann zum willkommenen Gesprächspartner werden und das Korrigieren unterbrechen.

Ein paar Tipps, wie man der Aufschieberitis entkommen kann: Das Smartphone und den PC ausschalten, Telefonate in der Zeit, in der man korrigiert, nicht annehmen, Kurznachrichten nicht lesen oder beantworten. Aber auch selbst nicht aktiv werden: Dreimal zehn Minuten Kaffeepause während einer Korrekturstunde sind ebenso überflüssig wie in der Zeit zwischendurch die Fenster zu putzen oder unbedingt diverse Websites durchzusurfen.

Wirklich erfolgreiche Menschen im Management scheinen eines zu können: Sie konzentrieren sich auf die wirklich wichtigen Dinge und gehen sie an. Dagegen lassen sich Durchschnittsmenschen eher vom Erledigen bedeutender Aufgaben abbringen. Das gilt umso mehr, je unattraktiver eine Aufgabe ist. Ein Anruf oder eine Nachricht zum Beispiel, die Sie während der Korrektur einer Arbeit erreicht, verlangt scheinbar sofort Ihre Aufmerksamkeit. Für die meisten Lehrer ist es schwer, in einer solchen Situation das Korrigieren fortzusetzen. Sie unterbrechen die wichtige Aufgabe zugunsten einer in diesem Moment eher unwichtigen. Solche Unterbrechungen führen langfristig zu einem Problem: Die unerledigten Aufgaben häufen sich an und werden immer wichtiger. Die Folge: Immer mehr Belastung und Stress. So kann man nicht erfolgreich sein. Ein mögliches Burnout und andere gesundheitliche Folgen sind eher vorprogrammiert, ganz zu schweigen von einer dauerhaft gereizten und angespannten Stimmung.

Die Aufschieberitis zu überwinden sollte daher unbedingt Ihr Ziel sein, wenn Sie an diesem Ausweichverhalten leiden. Dafür sollten Sie sich genau beobachten, erkennen Sie Ihr (Ausweich)Verhalten und steuern Sie sofort gegen, wenn Sie es bemerken. Und dann: Durchhalten und die unangenehmen Gefühle aushalten!

Bogen zur Übungsanleitung

Übung

Aufschieberitis Überwinden:

1. Setzen Sie sich an Ihren Arbeitsplatz und beginnen Sie mit dem Arbeiten.
2. Beobachten Sie während des Arbeitsprozesses sich und Ihr Arbeitsverhalten genau.
3. Erkennen Sie mögliches Ausweichverhalten.
4. Steuern Sie direkt gegen und arbeiten Sie weiter.
5. Wiederholen Sie diesen Prozess, so lange bis Sie Ihr Arbeitspensum geschafft haben. Wichtig: Halten Sie durch, auch wenn es unangenehm ist!

Zusätzlich können Sie diese Tipps nutzen, um Ihr Bedürfnis auszuweichen zu verringern:

- Schalten Sie bei der Arbeit Ihr Smartphone aus und legen Sie es in eine Schublade in der Küche – möglichst weit weg von Ihrem Arbeitsplatz.
- Schalten Sie das WLAN an Ihrem Arbeits-PC aus, um das ziellose Surfen zu verhindern.
- Kleben Sie Notizzettel mit motivierenden Botschaften an Ihren Arbeitsplatz: „Ich schaffe das!“ „Ich arbeite durch!“ „Ich bin voll konzentriert!“
- Belohnen Sie sich, wenn Sie durchgearbeitet haben.
- Erzählen Sie einer Vertrauensperson (zum Beispiel Freund/Freundin, Eltern), die Sie nicht enttäuschen möchten, von Ihrem Ziel und Ihren Erfolgen.

Danach:

Auswertung: Dauer ca. 10 Minuten.

Reflektieren Sie Ihre Vorhaben zum Bewältigen von Aufschieberitis mit einem Partner. Entwickeln Sie gemeinsam fünf Regeln, die Sie beachten wollen, um dem Aufschieben von Arbeit erfolgreich zu begegnen.

Am Schluss:

Plakat: Notieren Sie mit höchstens fünf (vernetzten) Stichwörtern (Selbst-)Einsichten, Fragen, Probleme und / oder Tipps für konsequentes Arbeiten.

Für das Umsetzen der Ergebnisse in die Praxis, für die Selbstevaluation und die Vertiefung der Erkenntnisse im Plenum können Sie wieder die Bögen aus Übung 3 nutzen (siehe oben Seite 128).

Denkanregungen

- Was ist Ihnen bei der Übung leicht-, was ist Ihnen eher schwergefallen?
- Welche Ergebnisse und Erkenntnisse bezüglich Ihrer Prioritäten haben Sie überrascht oder begeistert?
- Wie gut schätzen Sie nach der Übung Ihre Fähigkeit ein, Prioritäten zu setzen? Nutzen Sie zur Selbsteinschätzung eine Skala von 1 bis 10. 1 meint „sehr schlecht", 10 heißt „top".
- Wie gut schätzen Sie nach der Übung Ihre Fähigkeit ein, dem Aufschiebeverhalten konsequent zu begegnen? Nutzen Sie zur Selbsteinschätzung eine Skala von 1 bis 10. 1 meint „sehr schlecht", 10 heißt „top".
- Wie haben Sie sich beim Umsetzen Ihrer Prioritäten gefühlt? Wie erklären Sie sich diese Gefühle?
- Welche Konsequenzen ziehen Sie aus Ihrer Selbstreflexion für sich?
- Was haben Sie von Ihrem Partner lernen können, mit dem Sie Ihre Ergebnisse ausgetauscht haben?
- Was fehlt Ihnen noch, um ein guter Zeit-Manager zu sein?
- Inwieweit würden Sie die Übung zum Setzen von Prioritäten mit Schülern nutzen? Zu welchen Anlässen würde die Übung Schülern nutzen?
- Wie können Sie Schülern helfen, Aufschiebeverhalten unter Kontrolle zu bringen?

✓ Übung 6: Pausen managen

Ein gutes Selbst-Management zeigt sich nicht nur in kompetentem Planen von Aufgaben- und Arbeitsprozessen, sondern auch in einem sinnvollen Pausenmanagement und der Fähigkeit, gezielt und effektiv abzuschalten. Pausen gehören zum Arbeiten? Ja! Wer ohne Unterbrechung arbeitet, muss mit negativen Folgen rechnen: Psychischer Stress entsteht und auch die Leistungsfähigkeit nimmt mehr und mehr ab. Das Risiko, krank zu werden, steigt. Pausen sind nötig, um die körperlichen, geistigen und seelischen Batterien wieder aufzuladen. Die Arbeit geht dann leichter von der Hand, wir sind effizienter, machen weniger Fehler und sind gesünder.

Leider sind Pausen und Abschalten für viele Lehrer ein Problem. Die Arbeit endet für viele Lehrer faktisch nie. Überall gibt es etwas zu tun. Und wer nicht nein sagen kann, ist schnell in einem Teufelskreis, der in Frustration, Resignation oder gar Depression münden kann. Was ist zu tun? Lehrkräfte müssen oft erst lernen, zu einer bestimmten Zeit mit dem Arbeiten aufzuhören. Gesunde, vernünftige und selbstbewusste Lehrkräfte können das, auch die, die Uwe Schaarschmidt (2005) dem Muster S wie Schonung zuordnet, beherrschen diese Kunst des Jetzt-ist-Schluss-Verhaltens. Viele Lehrer schaffen es aber nicht, sich von der Arbeit zu lösen. Die Arbeit beherrscht sie, nicht umgekehrt.

Um daran etwas ändern zu können, braucht es zunächst das Bewusstsein für das eigene problematische Verhalten. Man muss das Hamsterrad erkennen, in dem man alltäglich läuft, erst dann kann man es auch anhalten und aus dem Rad aussteigen. Dafür braucht man Disziplin und Selbstkontrolle. Wir zeigen, wie das klappen kann.

Legen Sie erst einmal fest, wann Sie mit dem Arbeiten aufhören möchten. Pausen machen Sie also ab jetzt nicht mehr aus dem Gefühl heraus, sondern nach Plan. Das muss ganz exakt ablaufen. Im Kalender steht dann etwa: 19 Uhr – Arbeitsschluss. Oder: 16.30 Uhr – Pause. Zur akustischen Erinnerung stellen Sie sich den Wecker auf die Uhrzeit, zu der Sie mit dem Arbeiten aufhören oder eine Pause einlegen möchten. Den Wecker platzieren Sie möglichst weit weg vom Schreibtisch, damit Sie stets aufstehen müssen, um das Klingeln abzustellen. So unterbrechen Sie den Arbeitsprozess zwangsläufig und es wird Ihnen leichter fallen, sich dann die Pause auch zu nehmen oder den Arbeitsschluss zu feiern.

Wenn der Wecker klingelt, müssen Sie sofort handeln: Schalten Sie sofort den Computer aus, legen Sie das Schreibzeug beiseite, alles, was auf dem Schreibtisch liegt, räumen Sie zusammen und packen es geordnet in Ihre Arbeitstasche oder in die Schränke. In der Zeit klingelt der Wecker weiter. Erst nach dem Aufräumen schalten Sie den Wecker aus, nehmen ihn mit und verlassen dann sofort den Raum. Schließen Sie die Tür hinter sich. Stellen Sie den Wecker jetzt auf das Ende der Pause. Erleben Sie dann bewusst die Pausenzeit und kehren Sie sofort an Ihren Schreibtisch zurück, wenn der Wecker wieder klingelt. Schalten Sie den Wecker ab und stellen Sie ihn erneut, so dass er zu Beginn der nächsten Pause wieder klingelt. Und so weiter, und so weiter. Bei Arbeitsschluss können Sie noch mehr tun: Schließen Sie Ihr Arbeitszimmer ab und legen den Schlüssel in den Kühlschrank oder das Gefrierfach. Feierabend!

Und was tun Sie in der Pause? Ein paar Anregungen:

- Gönnen Sie sich andere Reize! Hören Sie etwa Musik, die Sie besonders mögen. Meditieren Sie oder blättern Sie in einer Zeitschrift.
- Gönnen Sie sich eine Entspannungsübung (siehe auch den nächsten Abschnitt). Systematisches Abschalten hilft, im wörtlichen Sinn auf andere Gedanken zu kommen.
- Gönnen Sie sich etwas zu essen oder zu trinken! Damit unser Gehirn auf Hochtouren arbeiten kann, braucht es Energie. Pausenzeiten sind geeignet, Nachschub zu liefern.
- Gönnen Sie sich etwas Bewegung! Ein kurzes Workout, ein paar Kniebeugen oder Hantelübungen. Tun Sie das, was Ihnen liegt und Freude macht. Nach Arbeitsschluss besonders wohltuend: Ein Waldspaziergang – allein (siehe dazu auch den nächsten Abschnitt zur Entspannung).
- Gönnen Sie sich ein Schwätzchen! Jetzt ist auch Zeit für ein kurzes Gespräch mit dem Kollegen X oder für den Anruf beim Frisör, um einen Termin zu vereinbaren.

© Gerd Altmann auf https://pixabay.com/de

Wichtig: Legen Sie nicht nur die Anfangszeit der Pause fest, sondern planen Sie auch deren Ende. Und: Halten Sie sich an die festgelegten Zeiten. Pausen geraten oft länger als vorgesehen. Jeder kennt das, wenn Konferenzen oder Fortbildungen unterbrochen werden. Bis alle wieder am Platz sind, dauert es oft länger als angesagt. Seien Sie clever: Wählen Sie Pausenzeiten von mindestens fünf bis höchstens zwanzig Minuten. Und halten Sie sich daran! So genießen Sie einerseits die Regeneration durch die Pause und zeigen sich andererseits, dass Sie sich an Ihre eigenen Vorsätze halten. Das schafft ein gutes Gefühl von Selbstwirksamkeit.

Vorgehen:

Die folgende Übung soll dabei helfen, ein effizientes Pausenmanagement zu etablieren:

> **Bogen zur Übungsanleitung**
>
> ***Übung***
>
> Pausenmanagement und gezieltes Abschalten:
>
> 1. Planen Sie Ihre Arbeitsprozesse für die nächsten zwei Wochen und tragen Sie die Details in einem (digitalen) Kalender ein.
> 2. Fügen Sie Ihren Arbeitsprozessen Pausen hinzu. Beachten Sie dabei größere Pausen nach erledigten Aufgaben sowie kleinere Pausen während Arbeitsprozessen (zum Beispiel 5 Minuten Pause nach 55 Minuten Klausurkorrektur).
> 3. Halten Sie sich an die geplanten Pausen. Nutzen Sie zwei Weckzeiten, die Sie an den Beginn und an das Ende jeder Pause erinnern. Halten Sie Ihre Pausen penibel ein und überziehen Sie sie nicht.
> 4. Evaluieren Sie Ihre Arbeitsprozesse und Ihr Pausenmanagement nach den zwei Wochen. Justieren Sie beides je nach Bedarf nach und beginnen Sie den Prozess bei 1. erneut.
> 5. Werten Sie für sich selbst die Erkenntnisse aus, die Sie in den zwei Wochen gewonnen haben. Formulieren Sie dazu drei Selbst-Aufträge.
> 6. Gehen Sie mit Ihren Ergebnissen in die nächsten zwei Wochen.

Nach jeweils vierzehn Tagen können die Einsichten paarweise und in der Gruppe ausgetauscht und vertieft werden. Als Einstiegshilfen dienen die entsprechenden Bögen, die wir schon in der Übung 3 genutzt haben (siehe oben Seite 128).

Denkanregungen

- Was ist Ihnen bei der Übung leicht-, was ist Ihnen eher schwergefallen?
- Wie gut ist es Ihnen gelungen, Ihre Pausenregelungen einzuhalten? Nutzen Sie zur Selbsteinschätzung eine Skala von 1 bis 10. 1 meint „sehr schlecht", 10 heißt „top".
- Wie produktiv waren die Arbeitsergebnisse in den letzten Wochen? Nutzen Sie zur Selbsteinschätzung eine Skala von 1 bis 10. 1 meint „sehr schlecht", 10 heißt „top".
- Wie haben Sie sich gefühlt, als der Wecker zur Pause oder zum Ende der Pause mahnte? Wie erklären Sie sich diese Gefühle?
- Was müssen Sie noch lernen, damit Sie Ihre geplanten Pausen noch effektiver nutzen können?
- Inwieweit würden Sie diese Übung zum Pausen-Management mit Schülern nutzen?

✓ Übung 7: Projekte umsetzen

Über die zahlreichen unterschiedlichen Aufgaben von Lehrern haben wir oben schon gesprochen. Ein ganz besonderer Aufgabentyp ist das Umsetzen von Projekten. Diese durchbrechen die „Alltagsarbeit“ wie Unterrichten, Korrigieren und Konferieren. Sie unterscheiden sich in ihrer Mittel- und Langfristigkeit nämlich deutlich. Hier ist nicht (nur) das Denken und Planen in Tagen oder Wochen gefragt, sondern das über Monate, Halbjahre, manchmal sogar Schuljahre. Die Arbeitsprozesse müssen entsprechend anders berücksichtigt werden: Das Arbeiten an einem Projekt für die Schule sollte kontinuierlich ablaufen und kontinuierlich erfolgen. Dann klappt das Umsetzen eines großen Projekts auch deutlich stressfreier. Das allerdings nur, wenn Sie mit der Arbeit sehr frühzeitig beginnen, also vor dem Ereignis. Viele Menschen neigen dazu, Aufgaben mit dieser Struktur nicht ernst genug zu nehmen. Es ist November, und erst im September des nächsten Jahres soll das Projekt stehen. Der fatale Denkfehler: „Das hat ja noch Zeit. Da brauche ich jetzt noch nichts zu machen.“ Wichtiges, aber nicht Dringendes gehört kontinuierlich auf die Agenda, besser heute als morgen. Eben so weit wie möglich vor dem Ereignis zu sein und kontinuierlich auf dieses Ereignis hinzuarbeiten, das ist das Ziel.

Die Planung und Durchführung eines Projekts brauchen also neben den notwendigen (zeitlichen) Ressourcen, dem Willen es umzusetzen und entsprechendem Engagement vor allem ein wohlüberlegtes, strukturiertes Vorgehen sowie eine umfangreiche Reflexion. Ein Bewusstsein für dieses langfristige Arbeiten soll in dieser Übung geweckt werden sowie ein Leitfaden durchgespielt werden, an dem sich die Teilnehmenden bei der praktischen Umsetzung ihrer Projekte orientieren können.

Vorgehen:

Die Grundlage für diese Übung zum Umsetzen von Projekten bildet natürlich das Projekt selber. Dieses sollte aus der Schulentwicklung heraus inspiriert sein und später ein Teil des Schulprogramms werden. Da Projekte in der Schule sehr vielseitig sein können, grenzen wir den Projekttyp für diese Übung ein: Es soll ein Projekt sein, das in einem Veranstaltungstag bündelt. Optimal ist es natürlich, wenn die Teilnehmenden eigene Projektideen haben, die sie an ihren Schulen umsetzen möchten. Falls die passende Idee noch fehlt, können Sie Anregungen geben: Umsetzen eines Thementages zur Digitalisierung für Schüler, Etablieren eines Aktionstages zur gezielten Zusammenarbeit mit regionalen Unternehmen im Kontext der Berufsorientierung, Durchführen einer Podiumsdiskussion im Vorfeld von Wahlen, Einführen eines jährlichen Projekttages zur individuellen Förderung von und mit Schülern. Die Liste von Projektideen könnte sicher endlos weitergehen. Wichtig ist, dass jeder Teilnehmer zu Beginn der Übungsphase ein Projekt hat, das er verwirklichen möchte. Wenn dieses Projekt direkt in der schulischen Praxis umgesetzt werden kann, klasse! Falls nicht, simulieren Sie diese Realität in der Veranstaltung, soweit dies möglich ist. Und dann geht's an die Planung und Umsetzung!

Planung braucht Systematik. Das gilt vor allem für Planungsprozesse, die wie beim Organisieren von Projekten länger dauern. Gut geeignet sind Checklisten, die einzelne Aufgaben auch zeitlich einordnen. Für ein größeres Projekt an der Schule können Sie Check-Listen verwenden. Check-Listen sind sinnvoll, wenn

- man präzise und über einen längeren Zeitraum planen muss,
- man ein Projekt zum ersten Mal plant und durchführt,
- man ein Projekt routinemäßig wiederholt,
- man Teilaufgaben an Kollegen abgeben möchte,
- das Projekt besonders komplex und umfangreich ist oder
- einem das Projekt besonders wichtig ist.

Welche Vorteile haben Check-Listen? Checklisten helfen

- komplexe Aufgaben kleinzuarbeiten,
- das Aufschieben von Aufgaben zu vermeiden,
- Aufgaben vollständig zu lösen und insgesamt
- Effektivität und Output zu steigern.

Diese Übung orientiert sich daher an Checklisten, die die Teilnehmer zu unterschiedlichen Zeitpunkten ihres jeweiligen Projekts abarbeiten können. Dabei ist das Projekt in Form eines Veranstaltungstages konzipiert. Den zeitlichen Planungsablauf für diese Veranstaltung haben wir folgendermaßen aufgeteilt:

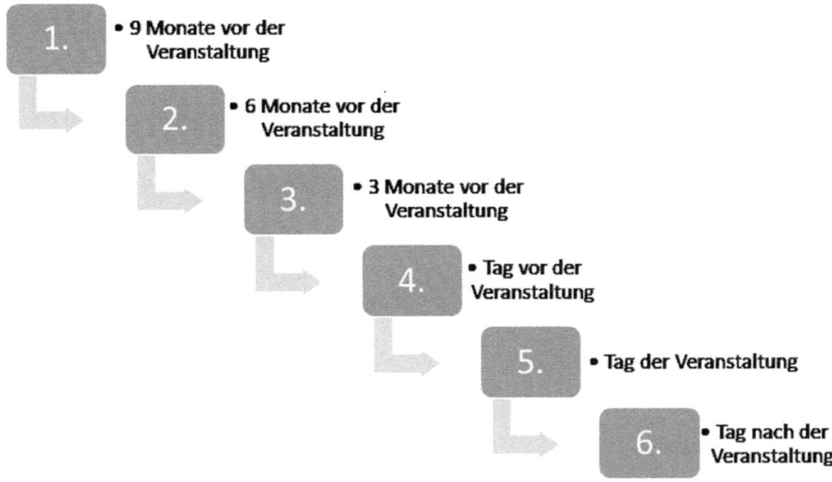

Entsprechend könnten Sie die Termine für Ihre Sitzungen den einzelnen Planungsschritten anpassen, um die Teilnehmer bei ihrer Umsetzung des jeweiligen Projekttages in die Praxis zu begleiten. Für Ihre Veranstaltung empfehlen für jedoch zunächst das gemeinsame Arbeiten an einem (fiktiven) Projekt, zum Beispiel das Einführen eines jährlichen

Projekttages zur individuellen Förderung von und mit Schülern. An diesem simulierten Projekt können die Teilnehmer zunächst üben und sich ausprobieren, bevor sie sich an ihre eigenen Projekte machen.

Ein sinnvoller Start in die Projektplanung bietet sich ca. 9 Monate vor der Veranstaltung an:

Bogen zur Übungsanleitung

Übung

Umsetzen von Projekten (9 Monate Vorlauf):

Planen Sie den Arbeitsprozess zur Umsetzung Ihres Projekts. Arbeiten Sie dafür folgende Checkliste ab:

- ✓ Thema festlegen
- ✓ Bedeutung des Themas für die Schüler klären (Gegenwarts- und Lebensweltbezug)
- ✓ Jahrgangsstufe festlegen, für die das Projekt stattfinden soll
- ✓ Kompetenzziele formulieren, die die Schüler erreichen sollen
- ✓ Lehrpläne mit dem Projektthema vergleichen und zusammenführen
- ✓ Lernausgangslage der Schüler klären
- ✓ Interesse der Schüler am Thema ermitteln
- ✓ Kollegiale Unterstützung suchen
- ✓ Nach Hintergrundwissen und aktuellen Forschungsergebnissen zum Thema recherchieren
- ✓ Experten suchen
- ✓ Kooperationen mit externen Anbietern, Hochschulen, Bildungsstätten anstoßen
- ✓ Finanzierung sicherstellen
- ✓ Veranstaltungsort festlegen (z. B. Aula, pädagogisches Zentrum, externe Tagungs- und Bildungsstätten)
- ✓ Kostenplan erstellen (Raummiete, Unterbringung, Verpflegung, Anfahrt)

Danach:

Auswertung: Dauer ca. 15 Minuten.

Reflektieren Sie Ihren Arbeitsplan zur Umsetzung Ihres Projekts mit einem Partner. Entwickeln Sie Tipps zum Planen von Projekten. Formulieren Sie dafür möglichst konkrete (Selbst)Aufträge.

Am Schluss:

Plakat: Notieren Sie mit höchstens fünf (vernetzten) Stichwörtern (Selbst-)Einsichten, Fragen, Probleme und / oder Tipps für das Umsetzen von Projekten

Die Teilnehmer haben nun die ersten Grundlagen für ihre Projekte gelegt. Diese und die jeweiligen Erfahrungen können im Plenum aufgegriffen und vertieft werden, bevor es an den zweiten Planungsschritt ungefähr sechs Monate vor der Veranstaltung geht.

Bogen zur Übungsanleitung

Übung

Umsetzen von Projekten (6 Monate Vorlauf):

Planen Sie den Arbeitsprozess zur Umsetzung Ihres Projekts weiter. Arbeiten Sie dafür folgende Checkliste ab:

- ✓ Interessierte Schüler an der Planung und Organisation beteiligen
- ✓ Aufgaben für die Schüler festlegen und Verantwortung abgeben
- ✓ Verlaufsplan für die Veranstaltung erstellen, Kollegen und Schüler dabei beteiligen (Dauer der Veranstaltung, Abfolge und Länge der Vortrags- und Arbeitsphasen, räumliche und methodische Umsetzung)
- ✓ Möglichkeiten erfahrungsnahen und handlungsorientierten Lernens ermitteln
- ✓ Veranstaltung über die Schulleitung genehmigen lassen
- ✓ Experten verpflichten
- ✓ Bei Bedarf: externen Veranstaltungsort buchen
- ✓ Bei Bedarf: Transportmittel zu externem Veranstaltungsort buchen
- ✓ Kollegen informieren (Flugblatt)

Danach:

Auswertung: Dauer ca. 15 Minuten.

Reflektieren Sie Ihren Arbeitsplan zur Umsetzung Ihres Projekts mit einem Partner. Entwickeln Sie Tipps zum Planen von Projekten. Formulieren Sie dafür möglichst konkrete (Selbst)Aufträge.

Am Schluss:

Plakat: Notieren Sie mit höchstens fünf (vernetzten) Stichwörtern (Selbst-)Einsichten, Fragen, Probleme und / oder Tipps für das Umsetzen von Projekten

Zwischen der zweiten und dritten Übung können Sie dann wiederum so verfahren, wie zwischen der ersten und zweiten Sitzung. Dann geht es planerisch circa drei Monate vor der Veranstaltung so weiter:

Bogen zur Übungsanleitung

Übung

Umsetzen von Projekten (3 Monate Vorlauf):

Planen Sie den Arbeitsprozess zur Umsetzung Ihres Projekts weiter. Arbeiten Sie dafür folgende Checkliste ab:

- ✓ Endgültigen Verlaufsplan der Veranstaltung festlegen
- ✓ Power-Point ©-Präsentation für die Veranstaltung erstellen
- ✓ Mit den Experten deren Beiträge endgültig festlegen und sich etwa zwei Monate vor der Veranstaltung zusenden lassen
- ✓ Raum- und Ausstattungswünsche der Experten erfassen
- ✓ Den Experten Anfahrtskizzen und Parkmöglichkeiten zukommen lassen
- ✓ Bei Bedarf: von den Eltern schriftliche Genehmigung für die Teilnahme der Schüler einholen
- ✓ Materialien zur Vorbereitung der Veranstaltung (im Unterricht) an Kollegen und Schüler verteilen
- ✓ Veranstaltung in der Schule (und in der Presse) bewerben
- ✓ Programm der Veranstaltung an Kollegen und Schüler verteilen

Danach:

Auswertung: Dauer ca. 15 Minuten.

Reflektieren Sie Ihren Arbeitsplan zur Umsetzung Ihres Projekts mit einem Partner. Entwickeln Sie Tipps zum Planen von Projekten. Formulieren Sie dafür möglichst konkrete (Selbst)Aufträge.

Am Schluss:

Plakat: Notieren Sie mit höchstens fünf (vernetzten) Stichwörtern (Selbst-)Einsichten, Fragen, Probleme und / oder Tipps für das Umsetzen von Projekten

Die dritte Übung können Sie im Plenum wiederum besprechen, reflektieren und vertiefen. Die vierte Übung zum Thema „Projekte umsetzen" bündelt die Ereignisse rund um den Veranstaltungstag:

Bogen zur Übungsanleitung

Übung

Umsetzen von Projekten (Der Tag vor der Veranstaltung und der Veranstaltungstag): Planen Sie den Arbeitsprozess zur Umsetzung Ihres Projekts weiter. Arbeiten Sie dafür folgende Checkliste ab:

1. Am Tag vor der Veranstaltung

✓ Experten noch einmal anschreiben mit Veranstaltungs-Erinnerung und Anfahrtskizze

✓ Räume vorbereiten und Materialien (wie von den Experten gewünscht) bereitlegen

✓ Info-Poster und Organisationsschemata in und an den Veranstaltungsräumen anbringen

✓ Technik erneut überprüfen (z. B. Beamer, Mikrofone, Headsets, Presenter)

✓ Mit dem Hausmeister und Sekretariat letzte Absprachen treffen

✓ Bei Bedarf: „Reserviert"-Schilder für die Referenten am Parkplatz anbringen

✓ Danksagungsgeschenke für die Experten bereitlegen

2. Am Tag vor der Veranstaltung

✓ Experten in Empfang nehmen, die Räumlichkeiten zeigen und betreuen/versorgen (lassen)

✓ Experten über den Tag betreuen (lassen) und auf Wünsche reagieren (können)

✓ Bei Bedarf: Kurzfristig auf (Technik-)Probleme reagieren und Lösungen umsetzen

✓ Bei Bedarf: Veranstaltungsräume aufräumen (lassen durch Schüler)

3. Schritt: Am Tag nach der Veranstaltung

✓ Danksagungs-E-Mail an die Experten senden

✓ Bei Bedarf: Veranstaltungsräume aufräumen (lassen durch Schüler)

✓ Evaluations-/Feedback-Bögen in die beteiligten Lerngruppen geben

✓ Eigenes Handeln am Projekttag evaluieren: Was hat gut geklappt? Wo gibt es Verbesserungsmöglichkeiten?

✓ Evaluationsgespräch mit der Schulleitung führen

Danach:

Auswertung: Dauer ca. 15 Minuten.

Reflektieren Sie Ihren Arbeitsplan zur Umsetzung Ihres Projekts mit einem Partner. Entwickeln Sie Tipps zum Planen von Projekten. Formulieren Sie dafür möglichst konkrete (Selbst)Aufträge.

Am Schluss:

Plakat: Notieren Sie mit höchstens fünf (vernetzten) Stichwörtern (Selbst-)Einsichten, Fragen, Probleme und / oder Tipps für das Umsetzen von Projekten

Die Teilnehmer haben nun ein fiktives Projekt geplant und miteinander durchgespielt. Dadurch haben sie Erfahrungen und Kompetenzen erworben, die sie nun jeweils bei ihren eigenen Projekten anwenden sollen. Dafür ist es notwendig, dass alle Teilnehmer ein Projekt haben, dem sie sich nun planerisch widmen wollen. Und dann geht's mit der Übung weiter:

Bogen zur Übungsanleitung

Übung

Umsetzen von Projekten:

Planen Sie den Arbeitsprozess zur Umsetzung Ihres Projekts weiter. Arbeiten Sie dafür die vorherigen Checklisten ab.

Bereiten Sie anschließend eine kurze Präsentation vor. In dieser stellen Sie den anderen Teilnehmern Ihr Projekt und Ihre Projektplanung vor.

Die Teilnehmer stellen nacheinander ihre jeweiligen Projekte und Planungen vor. Zu diesen erhalten sie Rückmeldungen durch die weiteren Teilnehmer und können anschließend ihre Projektplanung optimieren und fortsetzen sowie in der Praxis an ihren jeweiligen Schulen umsetzen.

Denkanregungen

- Was ist Ihnen bei der Übung leicht-, was ist Ihnen eher schwergefallen?
- Welche Ergebnisse und Erkenntnisse bezüglich Ihres Projektmanagements haben Sie überrascht bzw. worin fühlten Sie sich bestätigt?
- Wie gut schätzen Sie nach der Übung Ihre Fähigkeit zur Selbstreflexion bezüglich des Projektmanagements ein? Nutzen Sie zur Selbsteinschätzung eine Skala von 1 bis 10. 1 meint „sehr schlecht", 10 heißt „top".
- Was haben Sie während dieser Übung über sich und Ihr Projektmanagement erfahren?
- Wie haben Sie sich beim Erstellen, Umsetzen und Reflektieren Ihres Projektmanagements gefühlt?
- Welche Konsequenzen ziehen Sie aus Ihrer Selbstreflexion für sich?
- Welche neuen Erfahrungen – auch über sich selbst – haben Sie durch diese Übung gemacht?
- Wie gut fühlen Sie sich nun vorbereitet, um Ihre Wunsch-Projektplanung zu erreichen? Inwieweit trauen Sie sich deren Umsetzung nun zu?
- Inwieweit würden Sie diese Übung zum Projektmanagement mit Schülern nutzen? Zu welchen Anlässen würde sich dieser Einsatz anbieten?

3.6 Sinnvoll entspannen

„Wenn du die Gegenwart verpasst,
verpasst du deine Verabredung mit dem Leben."
(Vietnamesische Weisheit)

© Gerd Altmann auf https://pixabay.com/de

☑ Darum geht's.

Beanspruchung im Lehrberuf

Die Aufgaben der Lehrer sind vielseitig und zahlreich. Das haben wir schon thematisiert. Lehrer erleben die Beanspruchung, die durch die Aufgaben entsteht, als hohe Belastung. Dies hat die Studie „Lehrerarbeit im Wandel" (2020) erneut festgestellt: „Zwei Drittel der mehr als 176.000 Gymnasiallehrer in Deutschland erleben in ihrem Schulalltag eine hohe oder sehr hohe berufliche Belastung." Und auch wenn die meisten Lehrer behaupten, dass sie auf ihre Gesundheit und ein gesundheitsförderliches Verhalten achten, schafft nur die Hälfte eine passende Balance von Arbeit und Freizeit, so die Studie. Andersherum bedeutet dies: Ein großer Teil der Lehrer hat keine gute Work-Life-Balance. Das kann mittel- und langfristig negative psychische und physische Folgen haben. Uwe Schaarschmidt hat dieses Problem schon 2005 beschrieben, als er die psychische Gesundheit im Lehrerberuf analysierte: Fast zwei Drittel der Lehrer in Deutschland sind gesundheitlich gefährdet, da sie sich im Beruf (über)anstrengen oder sich schon im Burnout befinden. Diese Zahlen sind höher als bei allen anderen Berufen, die seinerzeit analysiert wurden.

Was macht man mit diesem Wissen um die Gesundheitsgefährdung bei Lehrern? Aus unserer Sicht gibt es nur eine sinnvolle Konsequenz: Lehrer müssen mehr als bisher auch an sich und ihre Gesundheit denken und für sich und ihre Gesundheit etwas tun. Ein Beitrag dazu kann aktives Entspannen sein. Wer gut abschalten und entspannen kann, lädt seine Ressourcen schneller und umfänglicher wieder auf als der, der immer am Limit arbeitet. Doch: Vielen Lehrern fällt es schwer abzuschalten. Viele sehen nicht nur überall Probleme, die sie zu den eigenen machen; viele halten sich auch für unentbehrlich. Die folgenden Übungen zum Entspannen greifen an unterschiedlichen Stellen an: Nach der Selbst-Analyse geht's ans mentale und dann ans körperliche Entspannen.

☑ Das können Sie tun.

✓ Übung 1: Stressoren analysieren

Vor der Therapie steht die Diagnose. Machen wir also eine Bestandsaufnahme: Wie gestresst erleben sich die Teilnehmer und warum? Was haben sie für ihre Entspannung bisher schon (erfolgreich) getan? Den Teilnehmern soll zunächst bewusst werden, wie beansprucht, wie belastet sie tatsächlich sind, und sie sollen dann dieses Beanspruchungserleben reflektieren. Grundlage dafür ist ein Selbst-Test.

Vorgehen:

Die Teilnehmer machen den Stress-Test und werten ihn aus. Anschließend gehen Sie kooperativ vor: Paarweise werden die Stressoren identifiziert und reflektiert; danach entwickeln die Teilnehmer erste Ansätze zur Entspannung. Die Ideen der Teilnehmer zur Entspannung und zu gezieltem Abschalten können Sie dann im Plenum aufgreifen und weiter thematisieren.

Bogen zur Übungsanleitung

Übung

Stressoren analysieren:

1. Bearbeiten Sie die Items (Material 1).

2. Werten Sie den Test mit dem Auswertungsbogen aus (Material 2).

Danach:

Auswertung: Dauer ca. 15 Minuten.

Reflektieren Sie Ihre Auswertung des Stress-Tests mit einem Partner. Besprechen Sie die jeweiligen Stressoren und entwickeln Sie gemeinsam Wege, wie Sie den Stressoren in Zukunft begegnen wollen. Formulieren Sie dazu fünf konkrete (Selbst)Aufträge.

Am Schluss:

Plakat: Notieren Sie mit höchstens fünf (vernetzten) Stichwörtern (Selbst-)Einsichten, Fragen, Probleme und / oder Tipps zur Entspannung und zum gezielten Abschalten.

Material 1

Test

Der Test ist in einer bestimmten Weise aufgebaut. Hier ein Beispiel für eine Testfrage: Ich habe oft den Eindruck, meine Arbeit wächst mir über den Kopf.

stimmt nicht *stimmt zum Teil* *stimmt genau*

-5	-4	-3	-2	-1	0	+1	+2	+3	+4	+5
									X	

Die Antwort „+4“ besagt: Ja, ich habe sehr oft den Eindruck, dass ich meine Arbeit nicht bewältigen kann.

Und das sind die Fragen:

1. Ich fühle mich oft körperlich abgespannt, obwohl ich gar nicht so viel tue.

stimmt nicht *stimmt zum Teil* *stimmt genau*

-5	-4	-3	-2	-1	0	+1	+2	+3	+4	+5

2. Ich weiß nicht mehr, wann ich das letzte Mal so entspannt war, dass ich die Zeit vergessen habe.

stimmt nicht *stimmt zum Teil* *stimmt genau*

-5	-4	-3	-2	-1	0	+1	+2	+3	+4	+5

3. Ich trinke öfter Alkohol (oder rauche mehr) als früher, um herunterzukommen, vor allem dann, wenn ich mich unter Druck fühle.

stimmt nicht *stimmt zum Teil* *stimmt genau*

-5	-4	-3	-2	-1	0	+1	+2	+3	+4	+5

4. Ich habe oft den Eindruck, meine Arbeit wächst mir über den Kopf.

stimmt nicht *stimmt zum Teil* *stimmt genau*

-5	-4	-3	-2	-1	0	+1	+2	+3	+4	+5

5. Wenn ich meiner Schulleitung beweisen soll, dass ich etwas kann, versage ich meistens.

stimmt nicht *stimmt zum Teil* *stimmt genau*

-5	-4	-3	-2	-1	0	+1	+2	+3	+4	+5

6. Ich habe ständig kalte Finger.

stimmt nicht *stimmt zum Teil* *stimmt genau*

-5	-4	-3	-2	-1	0	+1	+2	+3	+4	+5

7. Wenn ich an einem Tag eine besondere Leistung erbringen soll, schlägt mir das bereits morgens so auf den Magen, dass ich nichts Richtiges essen kann.

stimmt nicht *stimmt zum Teil* *stimmt genau*

-5	-4	-3	-2	-1	0	+1	+2	+3	+4	+5

8. Meine Hände sind sehr oft feucht.

stimmt nicht *stimmt zum Teil* *stimmt genau*

-5	-4	-3	-2	-1	0	+1	+2	+3	+4	+5

9. Ich habe oft Streit mit meiner Freundin / meinem Freund / meiner (Ehe)Partnerin / meinem (Ehe)Partner, und das belastet mich ziemlich stark.

stimmt nicht *stimmt zum Teil* *stimmt genau*

-5	-4	-3	-2	-1	0	+1	+2	+3	+4	+5

10. Ich könnte an manchen Wochenenden nur schlafen, wenn man mich ließe.

stimmt nicht *stimmt zum Teil* *stimmt genau*

-5	-4	-3	-2	-1	0	+1	+2	+3	+4	+5

11. Ich habe bei dienstlichen Aufgaben / privaten Aufgaben oft überhaupt keine Geduld.

stimmt nicht *stimmt zum Teil* *stimmt genau*

-5	-4	-3	-2	-1	0	+1	+2	+3	+4	+5

12. Wenn ich mit einer / einem Vorgesetzten spreche, habe ich oft Herzklopfen.

stimmt nicht *stimmt zum Teil* *stimmt genau*

-5	-4	-3	-2	-1	0	+1	+2	+3	+4	+5

13. Ich komme kaum noch zu geregeltem Schlaf und schlafe auch meist zu wenig.

stimmt nicht *stimmt zum Teil* *stimmt genau*

-5	-4	-3	-2	-1	0	+1	+2	+3	+4	+5

14. Meine Freunde / Familie sind sehr verärgert darüber, dass ich kaum noch Zeit für sie habe.

stimmt nicht *stimmt zum Teil* *stimmt genau*

-5	-4	-3	-2	-1	0	+1	+2	+3	+4	+5

15. Ich bin ziemlich davon abhängig, was andere Menschen von mir und meinen Leistungen halten.

stimmt nicht *stimmt zum Teil* *stimmt genau*

-5	-4	-3	-2	-1	0	+1	+2	+3	+4	+5

16. Ich unterstütze oft andere und kenne selbst kaum Menschen, die mir den Rücken freihalten.

stimmt nicht *stimmt zum Teil* *stimmt genau*

-5	-4	-3	-2	-1	0	+1	+2	+3	+4	+5

17. Wenn ich Fehler mache, ärgere ich mich jedes Mal sehr darüber und arbeite dann noch mehr als vorher.

stimmt nicht *stimmt zum Teil* *stimmt genau*

-5	-4	-3	-2	-1	0	+1	+2	+3	+4	+5

18. Wenn ich mit jemandem spreche, habe ich oft den Eindruck, gar nicht richtig zuzuhören, sondern mit meinen eigenen Gedanken beschäftigt zu sein.

stimmt nicht *stimmt zum Teil* *stimmt genau*

-5	-4	-3	-2	-1	0	+1	+2	+3	+4	+5

19. Ich kann abends und am Wochenende oft sehr schlecht abschalten.

stimmt nicht *stimmt zum Teil* *stimmt genau*

-5	-4	-3	-2	-1	0	+1	+2	+3	+4	+5

20. Wenn ich mal frei habe, weiß ich oft gar nicht mehr, wozu ich eigentlich Lust habe und was ich tun möchte.

stimmt nicht *stimmt zum Teil* *stimmt genau*

-5	-4	-3	-2	-1	0	+1	+2	+3	+4	+5

Material 2

Bogen zur Auswertung des Tests

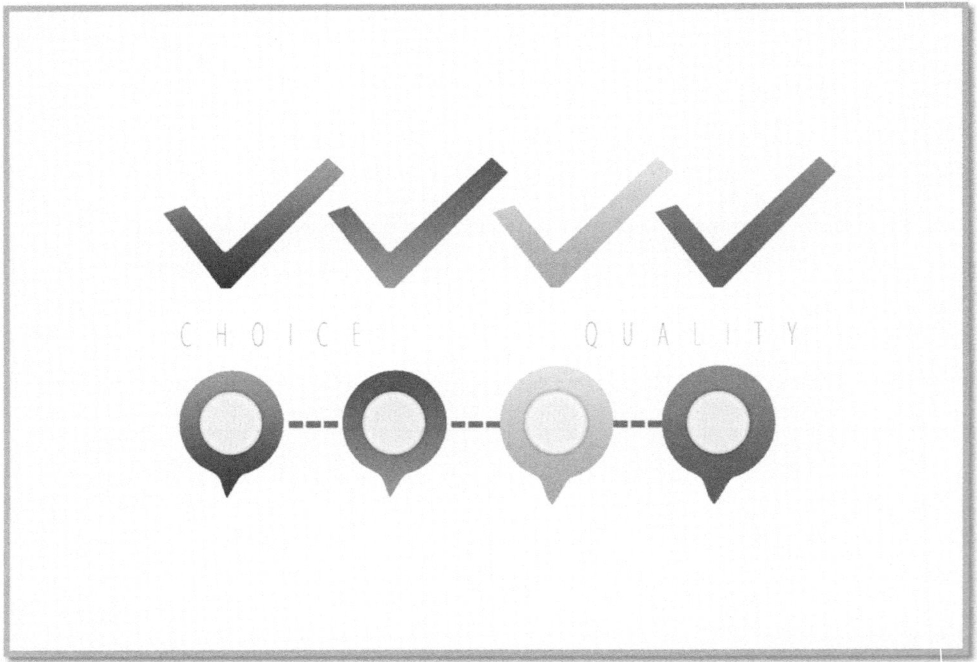

© Gerd Altmann auf https://pixabay.com/de

Und so können Sie den Test auswerten:

Tragen Sie in den Auswertungsbogen die Punktwerte ein, die Sie im Fragebogen angekreuzt haben. Verbinden Sie anschließend die einzelnen Kreuze durch eine Linie. Ergebnis: Je mehr Ihre Stress-Linie im rechten positiven Teil der Tabelle verläuft, desto stressgefährdeter sind Sie. Umgekehrt: Je mehr links Ihre Linie verläuft, desto gelassener sind Sie.

Nr.	-5	-4	-3	-2	-1	0	+1	+2	+3	+4	+5
1											
2											
3											
4											
5											
6											
7											
8											
9											
10											
11											
12											
13											
14											
15											
16											
17											
18											
19											
20											

Denkanregungen

- Was ist Ihnen bei dem Test leicht-, was ist Ihnen eher schwergefallen?
- Bei welchen Test-Items haben Sie Ihre Erfahrungen überrascht?
- Bei welchen Test-Items fühlten Sie sich in Ihrem Gefühl bestätigt?
- Wie gut konnten Sie Ihr Stressempfinden einschätzen? Nutzen Sie zur Selbsteinschätzung eine Skala von 1 bis 10. 1 meint „sehr schlecht", 10 heißt „top".
- Wie groß war und ist Ihrer Meinung nach für Sie persönlich der Nutzen eines solchen Stress-Tests? Nutzen Sie wieder die Skala von 1 bis 10. 1 meint „sehr schlecht", 10 heißt „top".
- Wie haben Sie sich beim Reflektieren Ihrer Auswertung gefühlt?
- Inwieweit hat Ihnen die Reflexion in Paaren geholfen, Ihr eigenes Stressverhalten zu verstehen?
- Inwieweit trauen Sie sich zu, Ihr Leben so zu ändern, dass Sie sich mehr entspannen können? Hier nutzen Sie wieder unsere Skala von „1" bis „10": „1" heißt „gar nicht" und „10" meint „absolut".
- Was müsste sich noch ändern, damit Sie in Ihrem Zutrauen einen Schritt weiterkommen? Wer oder was könnte Ihnen helfen?
- Inwieweit würden Sie diese Übung zum Stressempfinden mit Schülern nutzen? Welche Probleme sehen Sie bei einem solchen Vorgehen?

✓ Übung 2: Gedanken personifizieren

Die Teilnehmer haben in der ersten Übung ihr persönliches Stress-Niveau ermittelt, ihre Erfahrungen ausgetauscht und erste Lösungen reflektiert, wie sie Stress abbauen können. Dieser Austausch ist oft wenig strukturell. Hierzu fehlt meist ein grundlegendes Verständnis darüber, wie Stress entsteht und wie er sich äußert.

Gehen wir Schritt für Schritt vor: Was ist das eigentlich, Stress? Im Alltag wird Stress meist negativ konnotiert. Wir denken dann etwa an Manager, die von einem Termin zum nächsten jagen; wir denken an Workaholics, die die Arbeit brauchen wie ein Süchtiger seinen Stoff. Körperliche und geistige Beeinträchtigungen gehören zum Erscheinungsbild von echtem Stress, dem Dis-Stress. So haben Gestresste oft zu hohen Blutdruck und ihr Herz rast, ihre Muskeln sind angespannt. Die körperlichen Symptome schränken auch die geistige Leistungsfähigkeit ein: Man kann sich kaum konzentrieren, Arbeitsergebnisse werden schlechter.

Aber Stress kann auch positiv sein, zum Beispiel, wenn wir uns durch ein kniffliges Rätsel herausgefordert fühlen oder vor einem Auftritt Lampenfieber haben. Der Hormonausstoß, der den Stress begleitet, sorgt dafür, dass das Gehirn mit mehr Blut versorgt wird und wir viel besser denken können: Wir können uns besonders gut konzentrieren und so Höchstleistungen erbringen. Solchen positiven Stress, Eu-Stress, würden wir in herausfordernden Situationen gern erleben; aber viele Kollegen erleben nur Dis-Stress, Stress, der eher zerstörerisch wirkt, der sie aus der Bahn wirft, Stress, der das Gehirn blockiert und die Gedanken beherrscht. Dis-Stress macht aus Beanspruchungen und Herausforderungen Belastungen.

Wie kommt es zu einer Stresserfahrung? Am Anfang steht immer ein Ereignis, das den Prozess auslöst. Und jedes Ereignis nehmen wir erst einmal wahr. Dazu haben wir verschiedene Sinneskanäle: Wir *sehen* vor unserem inneren Auge, was dann wohl passieren könnte. Oft *hören* wir dabei schon, was dann konkret gesagt werden könnte. Wir *empfinden* schon, wie unser Körper sich verkrampft oder auch positive Spannung aufbaut, wie uns der Schweiß den Rücken herunterläuft oder bei Eu-Stress das Herz zwar schneller schlägt, wir das aber nicht belastend empfinden. Und wie *fühlen* wir uns dabei? Richtig: Genau so, wie wir denken. Bei Dis-Stress haben wir vielleicht Angst zu versagen, fühlen uns vielleicht hilf- oder machtlos. Unsere gedankliche Reaktion auf das anstehende Ereignis fällt dann oft genauso fatal aus: „Das kriege ich sicher nicht hin!" Positiver Stress hingegen kann euphorisieren, Begeisterung hervorrufen und Vorfreude. Manche Menschen entwickeln zusätzlich starke körperliche Symptome. Sie haben bei Dis-Stress Bauchschmerzen oder Verdauungsprobleme und müssen sich übergeben. Bei Eu-Stress gibt es entsprechend andere Körperreaktionen: Wärmegefühle in der Magengegend, rote Wangen und strahlende Augen. In diesen Fällen reagiert unsere Gedankenwelt ganz anders als bei Dis-Stress. Wir sehen eher das Gute und die Möglichkeiten: „Das schaffe ich!"

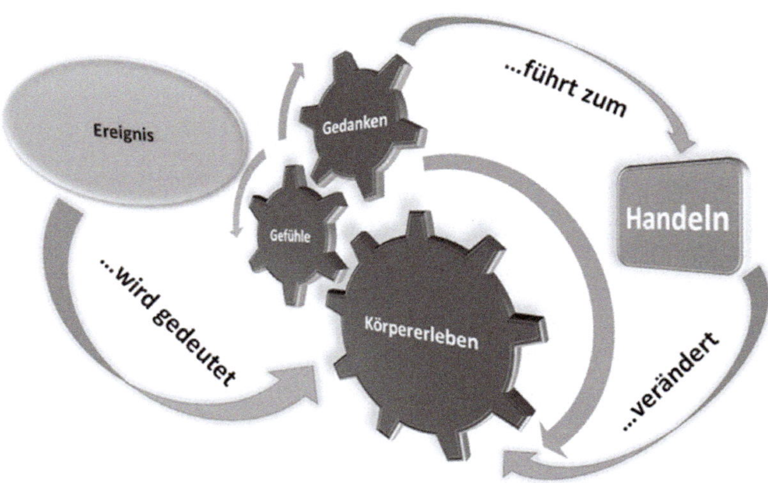

Sie merken: Was wir wahrnehmen ist das eine, doch viel wichtiger ist unsere Deutung dessen, was wir wahrnehmen: Wir können nicht wahrnehmen, ohne zu deuten. Und das tun wir nur allzu intensiv: Wir denken uns unseren Teil, Gefühle stellen sich ein, die zu diesen Gedanken passen, und natürlich spüren wir unseren Körper, wie er auf unser Denken und Fühlen reagiert. Das alles läuft blitzschnell ab, sodass wir Denken, Fühlen und Empfinden als eine Einheit erleben. Dabei geraten wir in eine Spirale, weil sich die drei Ebenen wechselseitig verstärken: So wird unser Erleben bei Dis-Stress immer negativer, bei Eu-Stress hingegen immer positiver. Bei Dis-Stress sind wir blockiert und können unsere Ressourcen nicht mehr abrufen und effektiv einsetzen. Unsere Handlungsfähigkeiten schränken sich immer mehr ein, je länger wir in der Stresssituation sind und je stärker der Stress uns erwischt. Für andere Menschen wirken wir dann inkompetent, und wir erleben uns auch selbst so. Dis-Stress beschädigt unser Selbstwertgefühl. Frustration und Resignation können die Folgen sein, wenn es krankhaft wird, auch eine Depression.

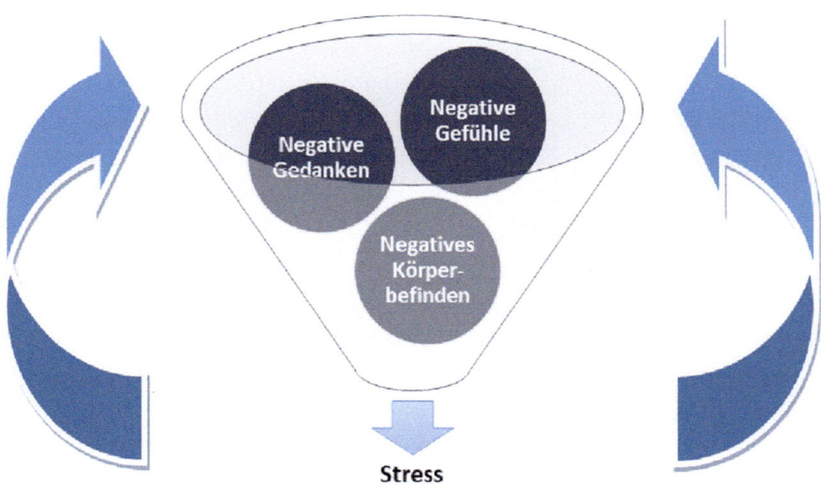

Wie kann man dieser Abwärtsspirale entkommen? Raus aus dem Regelkreis! Das ist das Ziel. Und das ist möglich! Wir können dafür an jedem der Elemente ansetzen, die den Regelkreis unterhalten:

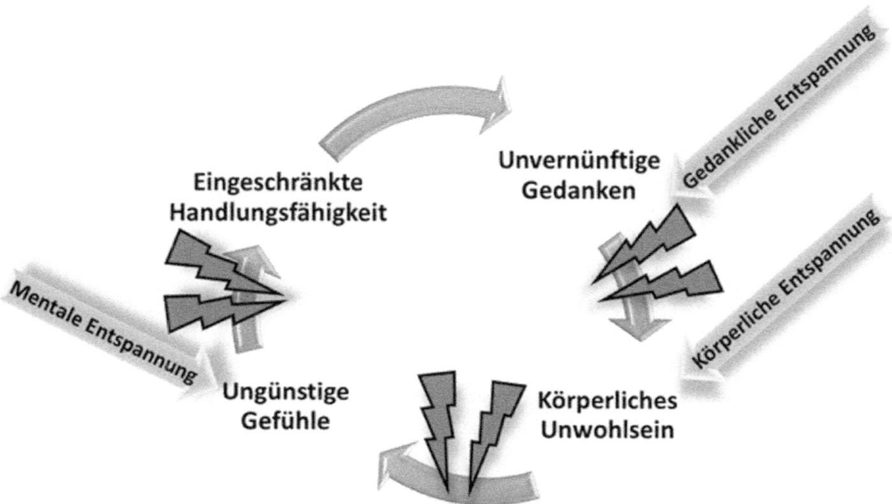

Die einfache Formel: Entspannter Körper heißt entspannte Gedanken und entspannte, also positive Gefühle – und umgekehrt. Klar, wir handeln auch viel gelassener und viel zielführender, wenn wir die Deutungsebenen ins Positive verschieben. Wer entspannt ist, hat einen inneren Abstand zu dem, was er gerade tut. Entscheidungen können mit mehr Distanz getroffen werden, sie fallen leichter und sind vernünftiger. Effektives Handeln ist die Folge. Und effektives Handeln sorgt dann wiederum dafür, dass sich unser Körperbefinden weiter verbessert. Und unser Selbstbewusstsein steigt: Wir fühlen uns selbstsicherer, wodurch unser Selbstwert weiter zunimmt. Ein positiver Regelkreis ist entstanden.

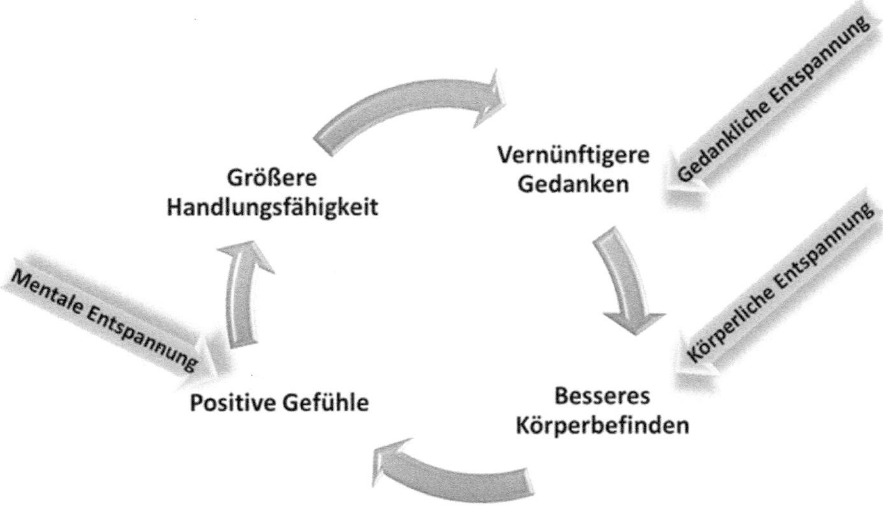

Die folgenden Übungen greifen an den Deutungsebenen an. Beginnen wir mit den Gedanken! Gedanken begleiten uns fortlaufend. Wir können nicht nicht denken. Daher haben wir ein Problem, wenn die Gedanken, die uns begleiten, negativ sind. Sie kommen dann ständig in unserem Kopf vorbei und nisten sich dort ein – ganz wie ein ungebetener Gast. Aber genau wie diesen ungebetenen Gast können wir auch die belastenden Gedanken loswerden. Wir können sie hinauswerfen. Wie geht das? Na eben genau so: Wir stellen uns den belastenden Gedanken als ungebetenen Gast vor. Wir personifizieren ihn. Und dann schmeißen wir ihn im hohen Bogen raus aus dem Kopf. Ganz nach dem Prinzip: Aus dem Kopf, aus dem Sinn!

Vorgehen:

Der Raum sollte ruhig und abgedunkelt sein.

Bogen zur Übungsanleitung

Übung

Personifizieren von Gedanken:

Legen Sie sich bequem auf den Rücken, die Arme liegen neben dem Körper und die Beine sind leicht gespreizt. Schließen Sie die Augen.

1. Lassen Sie Ihre belastenden Gedanken in Ihrem Innern auftauchen. Sprechen Sie die Gedanken lautlos nach und suchen Sie einen Gedanken aus, an dem Sie jetzt arbeiten möchten.

2. Stellen Sie sich vor, dieser eine Gedanke wandelt sich vor Ihrem inneren Auge in eine Person, die Sie nicht mögen. Der Gedanke wird zu einem ungebetenen, unfreundlichen Gast in Ihrem Kopf.

3. Schauen Sie sich den unfreundlichen Gast genau an. Suchen Sie nach einer Möglichkeit, diesen Gast in hohem Bogen aus Ihrem Kopf zu werfen. Hier ist jedes Mittel recht. Sie müssen sich dabei nicht an die Physik halten. Entwickeln Sie Fantasie.

4. Verschließen Sie jetzt den Eingang zu Ihrem Kopf, damit der ungebetene Gedanke, Ihr ungebetener Gast nicht wiederkommen kann.

5. Genießen Sie die Leere in Ihrem Kopf. Spielen Sie zum Beispiel Entspannungsmusik, um die mentale Entspannung auf Ihre Empfindungen und Gefühle übergehen zu lassen.

Danach:

Auswertung: Dauer ca. 15 Minuten.

Reflektieren Sie Ihre Erfahrungen mit dem Personifizieren von Gedanken mit einem Partner: Was sind Ihre drei wichtigsten Erkenntnisse? Was sind Ihre drei wichtigsten Fragen?

Am Schluss:

Plakat: Notieren Sie mit höchstens fünf (vernetzten) Stichwörtern (Selbst-)Einsichten, Fragen, Probleme und / oder Tipps zur Entspannung und zum gezielten gedanklichen Abschalten.

Denkanregungen

- Was ist Ihnen bei der Übung leicht-, was ist Ihnen eher schwergefallen?
- Welche Erfahrungen haben Sie mit dem Visualisieren?
- Wie gut schätzen Sie nach der Übung Ihre Fähigkeit ein, Ihre Gedanken zur Ruhe zu bringen? Nutzen Sie zur Selbsteinschätzung eine Skala von 1 bis 10. 1 meint „sehr schlecht", 10 heißt „top".
- Was haben Sie während dieser Übung über sich und Ihre innere Ruhe erfahren?
- Wie haben Sie sich gefühlt, als Sie Ihren ungebetenen Gast los waren?
- Welche Konsequenzen ziehen Sie aus der Selbstreflexion?
- Inwieweit hat die Auswertung mit Ihrem Partner geholfen, sich selber besser zu verstehen?
- Inwieweit würden Sie diese Übung zum Personifizieren von Gedanken mit Schülern nutzen? Auf welche Schwierigkeiten müssten Sie sich beim Durchführen der Übung einstellen?

✓ Übung 3: Gedanken-Stopp

Belastende Gedanken begleiten uns. Ständig. Einige sind besonders hartnäckig und tauchen immer wieder in unserem Kopf auf: „Ich habe immer noch etwas zu tun." „Ich kriege das eh nicht hin." „Ich muss erst noch X oder Y erledigen – und dann fange ich an.". Die Gedanken sind ganz vielfältig und individuell ganz unterschiedlich. Eben so wie wir auch. Jeder von uns hat solche belastenden Gedanken, die immer wieder auftauchen und uns beschäftigen. Manchmal sogar so sehr, dass sie uns und unser Handeln stark beeinflussen. Ein Beispiel: „Ich bin noch nicht fertig." Ist der Gedanke, der dem Kollegen Dauerstress immer dann durch den Kopf schießt, wenn er sich gerade mal wieder aufraffen möchte, sich vom Schreibtisch zu erheben. Der ungünstige Gedanke wird ihn bei der Arbeit halten. Das wird auf die Dauer problematisch; denn Entspannung ist so kaum möglich. Manche Lehrkräfte erleben diese innere Aufforderung zum Dauerarbeiten praktisch jederzeit und an jedem Ort. So wird der Kindergeburtstag ebenso zur Tortur wie die Goldene Hochzeit der eigenen Eltern oder das lang ersehnte Wochenende mit der Freundin beim Bergwandern. „Ich bin noch nicht fertig" dominiert dann das Denken so intensiv, dass aus den schönen Feiern und der Urlaubserfahrung purer Stress wird. Entspannen können diese Lehrkräfte nicht, so lange sie der Gedanke immer wieder beschäftigt. Für viele sogar bis ins Bett, sodass sie nicht einschlafen können.

© Gerd Altmann auf https://pixabay.com/de

Was tun? Eine Option ist der „Gedanken-Stopp". Und der geht so: Jedes Mal, wenn der belastende Gedanke auftaucht, zeige ich ihm ein mentales Stopp-Schild. Ein möglichst großes mentales Stopp-Schild – vielleicht verbunden mit einem schrillen Warnton. Ich beende den Gedanken und suche dann die innere (und falls notwendig auch räumliche) Distanz, schalte gezielt ab. Dieses Vorgehen wiederhole ich immer wieder: Jedes Mal, wenn der Gedanke kommt, zeige ich ihm das Stopp-Schild und distanziere mich. Wenn ich es oft genug mache, konditioniere ich mich so nach und nach selber. Der Gedanken-Stopp wird immer effektiver. Bis es soweit ist, brauche ich jedoch Zeit und Disziplin. Ganz so wie beim richtigen Autofahren. Zunächst erfordert es unsere volle Konzentration, aber nach und nach werden wir immer routinierter, das Schalten, Blinken etc. geht auf uns über. Es klappt, wie von alleine. Auch das Halten an Stopp-Schildern!

Vorgehen:

Den „Gedanken-Stopp“ kann man praktisch überall machen, wo es ruhig ist. Am besten übt man für mindestens zwei Wochen täglich und das mehrfach. Daher bietet es sich an, diese Übung als Auftrag über mehrere Tage oder Wochen an die Teilnehmer zu geben.

Bogen zur Übungsanleitung

Übung

Gedanken-Stopp:

Schließen Sie die Augen und konzentrieren Sie sich.

1. Identifizieren Sie den Gedanken, der Ihnen gerade durch den Kopf geht und Sie belastet. Bringen Sie den Gedanken in eine einfache sprachliche Struktur.
2. Zeigen Sie diesem Gedanken jetzt ein mentales Stopp-Schild, und hören Sie dazu ein lautes unangenehmes Geräusch. Sprechen Sie innerlich mehrfach so laut Sie können: „Stopp!, Stopp!, Stopp!, …“. Wiederholen Sie den Vorgang mindestens zehn Mal.
3. Öffnen Sie die Augen. Lenken Sie sich sofort gezielt ab, z. B. durch Telefonieren, eine herausfordernde sportliche Aktivität, Musik, Lesen, soziale Aktivitäten oder eine Freizeitbeschäftigung, die Sie fordert.
4. Wiederholen Sie dieses Vorgehen jedes Mal, wenn der belastende Gedanke kommt.

Danach:

Auswertung:

Reflektieren Sie Ihre Erfahrungen mit dem Gedanken-Stopp: Was sind meine drei wichtigsten Erkenntnisse? Was sind meine drei wichtigsten Fragen?

Machen Sie sich Notizen und bringen Sie diese zur nächsten Sitzung mit.

Denkanregungen

- Was ist Ihnen bei der Übung leicht-, was ist Ihnen eher schwergefallen?
- Welche Erfahrungen haben Sie damit, sich innerlich gezielt etwas vorzustellen?
- Wie gut schätzen Sie nach der Übung Ihre Fähigkeit ein, Ihre Gedanken mit dem Gedanken-Stopp zur Ruhe zu bringen? Nutzen Sie zur Selbsteinschätzung eine Skala von 1 bis 10. 1 meint „sehr schlecht“, 10 heißt „top“.
- Zu welchen Zeiten und bei welchen Gelegenheiten war der Gedanken-Stopp besonders effektiv? Wie erklären Sie sich das?
- Wie haben Sie sich gefühlt, als Sie innerlich laut „Stopp!“ gerufen haben?
- Inwieweit würden Sie den Gedanken-Stopp mit Schülern nutzen? Auf welche Aspekte müssten Sie besonders achten, um die Übung für Schüler effektiv zu gestalten?

✓ Übung 4: Dissoziieren

Belastende Situationen und Ereignisse sind eine echte Last. Diese Last tragen wir mit uns herum. Und je mehr uns das Ereignis beschäftigt, desto schwerer wird die emotionale Last. Einige Ereignisse beschäftigen uns über Wochen, Monate oder auch Jahre. Auch in beruflichen Kontexten: So bleiben die Erinnerungen an den schlechten Unterrichtsbesuch und vielleicht noch mehr an die harsche Kritik durch die Beurteiler danach. So bleibt vielleicht auch das unangenehme Gespräch mit den aufgebrachten Eltern, die mit der Benotung ihres Kindes nicht einverstanden sind. Oder wir tragen schwer an einem kritischen Beurteilungsgespräch mit der Schulleitung, bei dem wir nicht den Mut hatten, unsere Meinung zu äußern. Aber es kann auch das Problem mit Kevin in der 8 B sein, das uns nicht loslässt, oder das unerfreuliche Gespräch mit Kollegin Meier, das uns fortlaufend beschäftigt. All diese Ereignisse haben zwei Dinge gemeinsam: Wir sind nicht zufrieden mit unserem Handeln in der jeweiligen Situation und das Geschehen beschäftigt und belastet uns auch im Nachgang so sehr, dass wir es nicht ausblenden können.

Wie erinnern wir uns an diese Ereignisse? Wir erleben Sie in der Erinnerung so, als fänden sie jetzt statt: Wir sehen alles durch unsere eigenen Augen und sind wieder mitten im Geschehen: Wir stehen wieder vor der Klasse und schauen auf die Schüler. Oder wir sitzen im Stuhl, sehen die Kaffeetasse vor uns und dahinter die Schulleitung, die uns kritisiert. Vielleicht kommen dann auch die Gerüche des Raumes wieder in unsere Nase und der Schweiß läuft uns den Rücken hinunter, wie wir es auch in der Situation damals erlebt haben. Kurz: Wir sind mit der Situation assoziiert. Assoziiertes Erinnern hat einen Nachteil, wenn wir unangenehme Situationen erinnern: Das Assoziieren reaktiviert auch die unangenehmen Gefühle, die unser Gehirn mit der Situation abgespeichert hat. Entsprechend mies fühlen wir uns dann.

Das Problem: Wir können belastende Ereignisse erst dann verarbeiten, wenn wir uns innerlich von ihnen distanzieren. Wir brauchen also einen Weg, (emotionale) Distanz zu dem Ereignis zu schaffen. Das kann durch Dissoziieren gelingen. Wenn wir dissoziiert sind, dann erinnern wir uns an das belastende Ereignis anders, als wenn wir assoziiert sind: Sind wir dissoziiert, erleben wir das Vergangene als Beobachter. Wir sitzen im Kino und schauen uns einen Film von dem belastenden Ereignis an, in dem wir selbst die Hauptrolle spielen. Wir schauen also mit Distanz auf die Situation und sehen uns selber als eine der handelnden Personen. Der Effekt: Die unangenehmen Gefühle, die mit dem belastenden Ereignis verbunden sind, verringern sich; durch die Distanz können wir die Situation von damals analysieren und neu bewerten – der erste Schritt auf dem Weg, die Erfahrung konstruktiv zu verarbeiten.

Vorgehen:

Die Visualisierungsübung zum Distanzieren ist eine Partnerübung. Die Paare verteilen sich im Raum, damit sie sich nicht gegenseitig stören. Im Anschluss an die Übung können die Erfahrungen im Plenum ausgetauscht und vertieft werden.

Bogen zur Übungsanleitung

Übung

Visualisieren:

Partner A beginnt, Partner B gibt Anweisungen und notiert, was A sagt. Anschließend Rollenwechsel.

Partner B:

Setzen oder legen Sie sich hin. Nehmen Sie eine bequeme Haltung ein. Atmen Sie einige Male langsam ein und durch den Mund wieder aus. Schließen Sie die Augen und genießen Sie für einen Augenblick die Ruhe.

Einfach Dissoziieren

Stellen Sie sich vor: Sie sitzen in einem Kino, in der zehnten Reihe. Denken Sie an ein Ereignis, das Sie (mäßig) belastet. Auf der Leinwand sehen Sie jetzt das unangenehme Ereignis als Film ablaufen – und Sie mitten drin. Sie können sich auf der Leinwand selbst sehen, wie Sie sich damals verhalten haben. Und Sie können hören, was Sie damals gesagt haben.

Schauen Sie sich den Film an – gern auch mehrfach. Beobachten Sie Ihre Wahrnehmungen. Was denken Sie jetzt über Ihr Verhalten von damals? Was hat sich geändert? Wie fühlen Sie sich jetzt, wenn Sie das Ereignis aus dieser Distanz erleben? Nennen Sie zwei Gedanken, die Sie jetzt haben, und zwei Empfindungen. Hinweis: B notiert die Gedanken und Empfindungen, die A äußert.

Doppelt Dissoziieren

Stehen Sie jetzt in Ihrer Vorstellung auf; gehen Sie in die letzte Reihe des Kinos. Setzen Sie sich in die Mitte der letzten Reihe. Machen Sie es sich bequem und schauen Sie sich den Film auf der Leinwand an. Was ändert sich? Wie fühlen Sie sich jetzt? Nennen Sie alles, was Ihnen wichtig ist (Ihr Partner macht Notizen).

Stehen Sie in Ihrer Vorstellung noch einmal von Ihrem Platz im Kino auf. Schweben Sie nach oben unter die Decke des Kinos. Wenn Ihnen das schwerfällt, tun Sie einfach so, als ob Sie es könnten. Schauen Sie sich aus dieser Perspektive wieder den Film mit dem Ereignis an, das Sie belastet. Was denken Sie jetzt? Was ändert sich? Wie fühlen Sie sich jetzt? Nennen Sie alles, was Ihnen wichtig ist.

Hinweis: B notiert alles, was A sagt.

Beenden Sie die Übung. Atmen Sie dazu zwei-, dreimal tief ein und aus und öffnen Sie die Augen.

Danach:

Auswertung: Dauer ca. 15 Minuten.

Reflektieren Sie die Erfahrungen dieser Visualisierungsübung mit Ihrem Partner: Was sind unsere wichtigsten Erkenntnisse? Was sind unsere wichtigsten Fragen?

Am Schluss:

Plakat: Notieren Sie mit höchstens fünf (vernetzten) Stichwörtern (Selbst-)Einsichten, Fragen, Probleme und / oder Tipps zur Entspannung und zum gezielten Abschalten durch Dissoziieren.

Denkanregungen

- Was ist Ihnen bei der Übung leicht-, was ist Ihnen eher schwergefallen?
- Wie gut hat das einfache Dissoziieren geklappt? Welche Wirkung haben Sie dabei mit Blick auf das belastende Ereignis erlebt?
- Wie gut schätzen Sie Ihre Fähigkeit ein, einfach und doppelt zu dissoziieren? Nutzen Sie zur Selbsteinschätzung eine Skala von 1 bis 10. 1 meint „sehr schlecht", 10 heißt „top".
- Wie hat sich während der Übung Ihre Sicht auf das belastende Ereignis verändert? Wie erklären Sie sich diese Veränderung?
- Welche Konsequenzen ziehen Sie aus Ihrer Selbstreflexion und der Reflexion mit Ihrem Partner?
- Inwieweit werden Sie das Dissoziieren in Ihren Tagesablauf einplanen?
- Inwieweit würden Sie das Dissoziieren auch mit Schülern üben? Zu welchen Anlässen würde sich das anbieten? Welche Probleme erwarten Sie?

✓ Übung 5: Waldspaziergang

© Gerd Altmann auf https://pixabay.com/de

Manchmal liegt der Schlüssel zur Entspannung ganz nah. Vor der Haustür sozusagen. Und zwar wörtlich. Nämlich im Wald um die Ecke. Was Sie dort finden? Ruhe. Vor allem dann, wenn man alleine geht, sich nicht mit anderen unterhält, sondern sich ganz auf sich und die Natur konzentrieren kann. Neben der Ruhe wirken auch die Luft und das Grün der Bäume und Pflanzen positiv auf unser Gemüt. Die Natur übt eine heilsame Wirkung auf uns aus, auf den Geist wie auf den Körper. So schlägt unser Herz ruhiger im Wald, der Blutdruck sinkt und die Stresshormone im Körper reduzieren sich (siehe Wohlleben 2019). Das klappt aber nur, wenn ich beim Waldspaziergang keine – beruflichen oder privaten – Aufgaben oder Angelegenheiten erledige, Probleme wälze oder ein bestimmtes Wanderziel anstrebe. Der Gang selber und die Natur sind der Inhalt des Spaziergangs. Gerade in der heutigen digitalen Zeit von Dauerbeschäftigung und Dauererreichbarkeit ist ein Waldspaziergang pure Erholung für die überreizten Sinne. Darüber hinaus liefert die Stille des Waldes neuen Raum für Kreativität. So kann die Atmosphäre des Waldes inspirierend wirken und Ausgang sein für neue Wege etwa aus einer Krise.

Vorgehen:

Am besten liegt der Tagungsort direkt am Wald. Sonst erhalten die Teilnehmer die Übung als Hausaufgabe, die sie zwischen zwei Sitzungen erledigen. Eine weitere Möglichkeit:

Sie führen den Waldspaziergang als Traumreise durch, auch wenn die Sinneserfahrung dadurch begrenzt wird.

Bogen zur Übungsanleitung

Übung

Waldspaziergang:

Machen Sie alleine einen Spaziergang im Wald. Konzentrieren Sie sich dabei ganz auf sich selber und die Sie umgebende Natur. Gedanken über private oder berufliche Angelegenheiten, die Sie belasten, schieben Sie während des Spaziergangs beiseite, wenn sie aufkommen. Spazieren Sie gemächlich für sich ohne festes Ziel oder vorüberlegten Plan und lassen Sie sich ganz auf die Natur um Sie herum ein. Wenn Sie mögen, nehmen Sie sich eine Decke mit und legen Sie sich für eine (halbe) Stunde unter einen Baum und konzentrieren sich nur auf Ihre Umgebung. Nutzen Sie alle Sinne.

Wichtig: Lassen Sie Ihr Smartphone zu Hause!

Danach:

Auswertung:

Reflektieren Sie Ihre Erfahrungen mit dem Waldspaziergang: Was sind meine drei wichtigsten Erfahrungen? Welche Schlüsse ziehe ich daraus? Was sind meine drei wichtigsten Fragen?

Machen Sie sich Notizen und bringen Sie diese zur Auswertung mit.

Denkanregungen

- Was ist Ihnen vor, während und nach der Übung leicht-, was ist Ihnen eher schwergefallen?
- Welche Wirkung hat der Waldspaziergang auf Sie gehabt? Wie erklären Sie sich diese Wirkung?
- Wie gut können Sie Waldspaziergänge in Ihren Alltag einplanen? Nutzen Sie zur Selbsteinschätzung eine Skala von 1 bis 10. 1 meint „sehr schlecht“, 10 heißt „top“.
- Wie effektiv sind Waldspaziergänge, um sich zu entspannen? Wie kommt das?
- Welche Konsequenzen ziehen Sie aus Ihrer Selbstreflexion für sich?
- Inwieweit würden Sie Waldspaziergänge einsetzen, um unruhigen Schülern eine Möglichkeit zum Entspannen zu geben? Mit welchen Problemen rechnen Sie bei der Durchführung?

✓ Übung 6: Atmung kontrollieren

So wie Denken, Fühlen und Empfinden miteinander verbunden sind, so ist auch unser Körper ein Netz von Verbindungen. Wenn wir an einer Stelle intervenieren, kann dies Auswirkungen an einer ganz anderen Stelle des Körpers haben. Das „Netzwerk Körper" und seine Funktionen können wir uns auch zu Nutze machen um zu entspannen. Unsere Atmung ist dafür sehr geeignet. Wir atmen ständig, aber selten bewusst. Bewusstes Atmen kann Entspannung fördern. Unser Herz schlägt langsamer und unser Blutdruck sinkt, wenn wir unsere Atmung kontrollieren und verlangsamen. Das Resultat: Der ganze Körper entspannt, unangenehme Gedanken werden nebensächlich. Und so entspannt auch der Geist. Wir fühlen uns ausgeglichener und leistungsstärker.

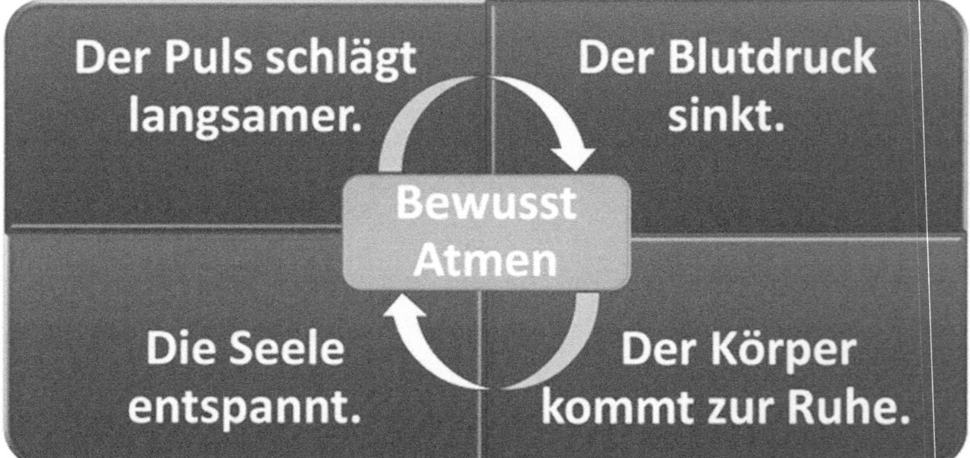

Vorgehen:

Leise Entspannungsmusik im Hintergrund fördert die Entspannung. Im Anschluss an die Übung können die Erfahrungen im Plenum ausgetauscht und vertieft werden.

Bogen zur Übungsanleitung

Übung

Bewusstes Atmen:

1. Länger ausatmen

Legen Sie sich mit Ihrem Rücken auf den Boden, die Arme neben dem Körper, die Beine leicht gegrätscht, und schließen Sie die Augen. Konzentrieren Sie sich auf Ihre Atmung: Atmen Sie etwa doppelt so lange aus wie ein. Zählen Sie dabei beim Einatmen mental bis fünf und beim Ausatmen bis zehn.

2. Tief atmen

Legen Sie sich mit Ihrem Rücken auf den Boden, die Arme neben dem Körper, die Beine leicht gegrätscht, und schließen Sie die Augen. Konzentrieren Sie sich auf Ihre Atmung: Legen Sie eine Hand locker auf den Bauch. Atmen Sie langsam in den Bauch hinein und spüren Sie dabei, wie sich der Bauch langsam hebt und senkt.

3. Anspannen und Entspannen

Legen Sie sich mit Ihrem Rücken auf den Boden, die Arme neben dem Körper, die Beine leicht gegrätscht, und schließen Sie die Augen. Konzentrieren Sie sich auf Ihre Atmung: Atmen Sie langsam in den Bauch hinein und spannen Sie dabei intensiv so viele Muskeln wie möglich an. Halten Sie im angespannten Zustand die Luft für zwei, drei Sekunden an. Atmen Sie langsam wieder aus und entspannen dabei alle Muskeln wieder. Um die Wirkung zu verstärken, können Sie auch mit leisem Geräusch durch den Mund ausatmen. Wiederholen Sie das fünf Mal. Bleiben Sie danach mindestens zwei Minuten mit geschlossenen Augen ruhig liegen und spüren Sie Ihren Körper. Denken Sie dabei an einen schönen und entspannenden Ort. Nach 30 Sekunden strecken und recken Sie sich langsam und öffnen Ihre Augen wieder.

Danach:

Auswertung: Dauer ca. 15 Minuten.

Reflektieren Sie die Erfahrungen dieser Atemübung mit einem weiteren Teilnehmer: Was sind unsere wichtigsten Erkenntnisse? Was sind unsere wichtigsten Fragen?

Am Schluss:

Plakat: Notieren Sie mit höchstens fünf (vernetzten) Stichwörtern (Selbst-)Einsichten, Fragen, Probleme und / oder Tipps zur Entspannung und zum gezielten Abschalten.

Denkanregungen

- Was ist Ihnen bei der Übung leicht-, was ist Ihnen eher schwergefallen?
- Welche Wirkungen haben Sie während und nach der Atemübung erlebt? Wie erklären Sie sich diese Wirkungen?
- Wie gut hat die Atemübung bei Ihnen gewirkt? Nutzen Sie zur Selbsteinschätzung eine Skala von 1 bis 10. 1 meint „sehr schlecht“, 10 heißt „top“.
- Welche Erkenntnisse haben Ihnen die Selbstreflexion und das Gespräch mit einem weiteren Teilnehmer gebracht?
- Inwieweit würden Sie Atemübungen zum Entspannen in Ihren Alltag einplanen?
- Inwieweit sind Atemübungen für Schüler geeignet? Bei welchen Gelegenheiten könnten Schüler diese Übungen nutzen? Welche Probleme könnten dabei auftreten?

✓ Übung 7: Dehnen

Die Atmung zu kontrollieren und bewusst zu verlangsamen ist nur ein Weg, um ausgehend von körperlichen Mechanismen ganzheitlich zu entspannen. Ein gutes und entspanntes Körpergefühl ist ein Schlüssel zur Entspannung von Körper und Geist. Die intensive Körperwahrnehmung steht daher auch im Fokus dieser Übung. Die volle Konzentration auf die Wahrnehmung unseres Körpers kann sehr entspannend sein, so etwa beim Yoga. Ziel dieser Übung: Belastung, Aufgaben, kurz den Stress, hinter sich zu lassen, indem man sich ganz auf sich konzentriert und sich auf die Reaktionen des eigenen Körpers einlässt. Zudem hilft Dehnen, einer verspannten und verkrampften Körperhaltung vorzubeugen, die unser Alltag oft mit sich bringt, zum Beispiel durch langes Sitzen. Muskeln verkürzen, wir verkrampfen in unserer Haltung, was auf Dauer zu Verspannungen führt, die den Körper stressen.

Vorgehen:

Hören Sie während der Übung leise Entspannungsmusik. Jeder Teilnehmer führt die Übung allein durch; danach werden die Erfahrungen dann paarweise und im Plenum ausgetauscht und vertieft. Tipp: Eine Decke oder Isomatte macht das Liegen angenehmer.

Bogen zur Übungsanleitung

Übung

Dehnen:

1. Legen Sie sich mit dem Rücken auf den Boden, die Arme liegen in einem Winkel von etwa 45° neben dem Körper, die Beine sind leicht gegrätscht. Schließen Sie die Augen. Konzentrieren Sie sich ganz auf Ihren Körper. Atmen Sie zunächst dreimal tief in den Bauch ein und langsam wieder aus. Strecken Sie gleichzeitig Beine und Arme und drücken Sie sie ebenso wie Ihren Rücken fest an den Boden. Halten Sie die Dehnung etwa eine Minute; atmen Sie dabei ruhig weiter. Konzentrieren Sie sich in der Zeit ganz auf Ihren Körper. Danach lösen Sie die Spannung.

2. Sie liegen mit dem Rücken auf dem Boden und strecken Ihr linkes Bein. Winkeln Sie Ihr rechtes Bein so an, dass Ihre rechte Fußsohle an der Innenseite des linken Knies liegt. Drücken Sie Ihre linke Hüfte so nach links unten, bis sie parallel zum Boden ist. Gleichzeitig drücken Sie linkes und rechtes Bein an den Boden. Halten Sie die Spannung für etwa eine Minute. Konzentrieren Sie sich ganz auf sich und Ihren Körper. Wiederholen Sie die Übung mit Ihrem rechten Bein.

3. Setzen Sie sich auf dem Boden hin. Winkeln Sie beide Beine vor sich so an, dass sich Ihre Fußsohlen möglichst vollständig berühren. Drücken Sie nun mit Ihren Händen Ihre Knie Richtung Boden, so weit es geht. Sitzen Sie dabei aufrecht. Halten Sie die Spannung für etwa eine Minute. Atmen Sie ruhig weiter und bewegen Sie die Knie bei jedem Ausatmen etwas weiter zum Boden.

4. Bleiben Sie so sitzen und umfassen mit beiden Händen Ihre Füße. Beugen Sie sich, so weit Sie können, nach vorn, rollen Sie den Kopf dabei ein und ziehen das Kinn zur Brust. Halten Sie die Spannung etwa eine Minute. Ziehen Sie Ihren Kopf bei jedem Ausatmen ein Stück weiter nach unten und drücken Sie Ihre Knie mit Ihren Ellenbogen weiter zum Boden.

5. Stellen Sie sich hin, die Füße schulterbreit. Strecken Sie Ihre Arme nach oben. Machen Sie sich ganz lang. Beugen Sie sich nun mit gestreckten Armen ganz langsam vorne über, bis Ihre Fingerspitzen (fast) Ihre Füße berühren. Die Beine bleiben gestreckt. Halten Sie die Spannung und atmen Sie ruhig weiter. Greifen Sie nun mit Ihren Händen hinter Ihre Unterschenkel. Drücken Sie bei gestreckten Beinen mit Ihren Händen Ihre Beine nach vorne und schieben Sie Ihr Becken nach hinten, sodass Sie eine Spannung im unteren Rücken spüren. Rollen Sie den Kopf ein; das Kinn zeigt zur Brust. Halten Sie die Spannung für mindestens dreißig Sekunden, richten sich dann langsam auf, bis Sie wieder vollkommen gestreckt in Ihrer Ausgangshaltung sind. Atmen Sie während der Übung langsam und ruhig weiter. Wiederholen Sie diese Übung dreimal.

6. Suchen Sie sich eine Wand (oder eine Tür) und stellen Sie sich mit Rücken und Beinen dagegen. Bringen Sie Ihre Arme in eine U-Haltung. Strecken Sie Ihren ganzen Körper, ohne sich zu bewegen. Ihre Füße bleiben auf dem Boden; Ihr Rücken hat Kontakt mit der Tür / Wand. Halten Sie diese Spannung für etwa dreißig Sekunden und atmen Sie ruhig weiter. Lassen Sie anschließend Ihre Arme nach unten fallen und entspannen Sie Ihren Körper. Wiederholen Sie die Übung dreimal.

Danach:

Auswertung: Dauer ca. 15 Minuten.

Reflektieren Sie die Erfahrungen mit diesen Dehnübungen mit einem weiteren Teilnehmer: Was sind unsere wichtigsten Eindrücke und Erkenntnisse? Welche Fragen haben wir?

Am Schluss:

Plakat: Notieren Sie mit höchstens fünf (vernetzten) Stichwörtern (Selbst-)Einsichten, Fragen, Probleme und / oder Tipps zur Entspannung und zum gezielten Abschalten.

Denkanregungen

- Was ist Ihnen bei der Übung leicht-, was ist Ihnen eher schwergefallen?
- Welche Wirkungen haben Sie während und nach der Dehnübung gespürt? Wie erklären Sie sich Ihre Wahrnehmungen?
- Inwieweit hat die Dehnübung Sie entspannt? Nutzen Sie zur Einschätzung eine Skala von 1 bis 10. 1 meint „sehr schlecht“, 10 heißt „top“. Wie erklären Sie sich das Ergebnis?
- Welche Erkenntnisse haben Ihnen die Selbstreflexion und das Gespräch mit einem weiteren Teilnehmer gebracht?
- Inwieweit würden und könnten Sie Dehnübungen zum Entspannen in Ihren Alltag einplanen?
- Inwieweit wäre eine solche Dehnübung als Einstieg in eine Unterrichtsstunde sinnvoll? Was müssten Sie bei der Vorbereitung beachten, wenn Sie mit Schülern Dehnübungen durchführen wollten? Welche Probleme könnten beim Umsetzen der Dehnübungen auftreten?

Literatur

Arnold, R. / Erpenbeck, J. (2014): Wissen ist keine Kompetenz. Hohengehren

Balliet, M. / Kliebisch, U. (2014): Vision of Competence. In: Heyse, V. (Hrsg.): Aufbruch in die Zukunft. Erfolgreiche Entwicklungen von Schlüsselkompetenzen in Schulen und Hochschulen. Münster

Balliet, M. / Kliebisch, U. (2016): Kompetenz-Management für Lehrerinnen und Lehrer. 20 Alltagssituationen professionell meistern. Baltmannsweiler

Balliet, M. / Kliebisch, U. / Ludden, F. (2015): „Ich schaff' das!" – Wie sich Referendare kompetent selbst managen. In: Seminar 1

Balliet, M. / Kliebisch, U. / Ludden, F. (2017): Kompetenzen entdecken, nutzen und entwickeln. Starter-Kit für junge Lehrerinnen und Lehrer. Baltmannsweiler

Balliet, M. / Kliebisch, U. / Ludden, F. (2018): Schlüssel-Kompetenzen entwickeln. Trainingsbausteine für Lehrerinnen und Lehrer. Baltmannsweiler

Bamberger, G. (2015): Lösungsorientierte Beratung. 5. Aufl. Weinheim

Bandler, R. (2015): Leitfaden zu persönlicher Veränderung. 2. Aufl. Möhnesee

Buhren, C. G. (2015): Handbuch Feedback in der Schule. Weinheim

Csikszentmihalyi, M. (2019): Flow. Das Geheimnis des Glücks. 5. Aufl. Stuttgart

Csikszentmihalyi, M. (2019): Kreativität. Wie Sie das Unmögliche schaffen und Ihre Grenzen überwinden. 4. Aufl. Stuttgart

Delp, C. (2020): Beweglichkeit durch Dehnen, Faszienmassage und Mobility-Training. Stuttgart

Dilts, R. u. a. (2015): Identität, Glaubenssysteme und Gesundheit. NLP-Veränderungsarbeit. 7. Aufl. Paderborn

Eichhorn, C. (2018): Classroom Management. 10. Aufl. Stuttgart

Eichhorn, C. / Suchodoletz, A. v. (2019): Chaos im Klassenzimmer. Classroom Management. Damit guter Unterricht besser wird. 12. Aufl. Stuttgart

Eikenbusch, G. / Heymann, H. W. (2010): Was wissen wir über guten Unterricht? Hamburg

Ellis, A. / Jacobi, P. / Schwartz, D. / Hemmer, B. (2011): Coach dich! Rationales Effektivitätstraining zur Überwindung emotionaler Blockaden. Würzburg

Endres, P. / Hüther, G. (2014): Lernlust. Worauf es im Leben wirklich ankommt. Hamburg

Erpenbeck, J. / Sauter, W. (2013): So werden wir lernen! Heidelberg

Erpenbeck, J. / Sauter, W. (2017): Handbuch Kompetenzentwicklung im Netz. Heidelberg

Erpenbeck, J. / Sauter, W. (2018): Werte, Wertungen – Das Fieldbook für ein erfolgreiches Wertemanagement. Heidelberg

Erpenbeck, J. / Sauter, W. (2019): Stoppt die Kompetenzkatastrophe! Wege in eine neue Bildungswelt. 2. Aufl. Heidelberg

Erpenbeck, J. / Sauter, W. / Grote, S. / Rosenstiel, L. v. (Hrsg.) (2017): Handbuch Kompetenzmessung. 3. Aufl. Stuttgart

Folta-Schoofs, K. / Ostermann, B. (2019): Neurodidaktik. Grundlagen für Studium und Praxis. Stuttgart

Gellroth, V. (2018): Selbstmanagement für Beruf und Alltag: Dein Leben effektiv organisieren für weniger Stress, mehr Erfolg und Freizeit. Aus Vorsätzen Ziele machen und diese durch Zeitplanung erreichen. Independently published

Green, N. / Green, C. (2009): Kooperatives Lernen im Klassenraum und im Kollegium. Das Trainingsbuch. Stuttgart

Hattie, J. (2017): Lernen sichtbar machen für Lehrpersonen. 3. Aufl. Baltmannsweiler

Hattie, J. / Yates, G. (2015): Lernen sichtbar machen aus psychologischer Perspektive. Baltmannsweiler

Helmke, A. (2015): Unterrichtsqualität und Lehrerprofessionalität. 6. Aufl. Seelze

Heyse, V. / Erpenbeck, J. (2007): Kompetenzmanagement. Vorgehen, Methoden, KODE® und KODE®X im Praxistest. Münster

Heyse, V. / Erpenbeck, J. (2009): Kompetenztraining. 2. Aufl. Stuttgart

Heyse, V. / Erpenbeck, J. / Ortmann, S. (2010): Grundstrukturen menschlicher Kompetenzen. Münster

Heyse, V. u. a. (2019): Kompetenzmanagement mit System. Münster

Heyse, V. / Erpenbeck, J. (2015): Kompetenz ist viel mehr. Münster

Hoegg, G. (2012): Gute Lehrer müssen führen. Weinheim

Hofmann, E. (2020): Progressive Muskelentspannung. 4. Aufl. Göttingen

Hüther, G. (2016): Mit Freude lernen – ein Leben lang. Göttingen

Institut Allensbach (2011): Schul- und Bildungspolitik in Deutschland 2011. https://www.ifd-allensbach.de/fileadmin/studien/7625_Bildungspolitik.pdf [abgerufen 23.7.2020]

Kaiser, A. (2019): Schlagfertigkeit in der Praxis: Souverän auftreten, Rhetorik verbessern und Gesprächsführung übernehmen. Deggendorf

Kanitz, A. v. / Scharlau, C. (2018): Gesprächstechniken. Freiburg

Kanitz, A. v. (2018): Chrashkurs Professionell Moderieren. Freiburg

Kliebisch, U. (2011): Lehrer*Ziele*. Kompetenzen haben – Kompetenzen vermitteln. Baltmannsweiler

Kliebisch, U. (2012): Referendare erfolgreich coachen. Coaching-Werkzeuge speziell für die Lehrerausbildung. Buxtehude

Kliebisch, U. (2013): Feedback – Motor der Selbstentwicklung. In: Seminar 2

Kliebisch, U. (2013): Heikle Situationen im Schulalltag meistern. Hamburg

Kliebisch, U. / Balliet, M. (Hrsg.) (2012): LehrerHandeln. Kompetent – effizient – kongruent. Baltmannsweiler

Kliebisch, U. / Ludden, F. (2018): Kompetenz-Training für Lehrerinnen und Lehrer. 15 Praxissituationen erfolgreich meistern. Baltmannsweiler

Kliebisch, U. / Ludden, F. (2019): Spielend Kompetenzen fördern. Ein Trainingsprogramm für Schülerinnen und Schüler. Baltmannsweiler

Kliebisch, U. / Meloefski, R. (2013a): LehrerSein 1 und 2. 6. Aufl. Baltmannsweiler

Kliebisch, U. / Meloefski, R. (2013b): LehrerSein 3. Baltmannsweiler

Klippert, H. (2016): Heterogenität im Klassenzimmer. 4. Aufl. Weinheim

Klippert, H. (2018): Methodentraining. 22. Aufl. Weinheim

Knapp, P. (2019): Konfliktlösungs-Tools. 6. Aufl. München

König, E. / Volmer, G. (2019): Handbuch Systemisches Coaching. 3. überarb. Aufl. Weinheim

Konrad, K. / Traub, S. (2017): Selbstgesteuertes Lernen. 6. Aufl. Baltmannsweiler

Korz, J. (2018): Selbstsicher und souverän im Business. Die Macht des Selbstbewusstseins. Freiburg

Lee, L. u. a. (2019): Proceedings of the National Academy of Sciences, https://www.pnas.org/cgi/doi/10.1073/pnas.1900712116

Lehrerarbeit im Wandel (2020): https://www.dphv.de/aktuell/nachrichten/details/article/laiw-studie-lehrerarbeit-im-wandel.html [abgerufen: 24.7.2020]

Meloefski, R. (2012): Zeitnot und Zeit-Management im Referendariat. In: Balliet, M. / Kliebisch, U.: Lehrer*Handeln*. Baltmannsweiler

Meyer, H. (2016): Was ist guter Unterricht? 11. Aufl. Berlin

Migge, B. (2018): Handbuch Coaching und Beratung. 4. Aufl. Weinheim

Migge, B. (2017): Handbuch Business Coaching. 2. Aufl. Weinheim

Miller, R. (2017): Als Lehrer souverän sein. Von der Hilflosigkeit zur Autonomie. 2. Aufl. Weinheim

Molcho, S. (2009): Umarme mich, aber rühr mich nicht an: Die Körpersprache der Beziehungen. Von Nähe und Distanz. München

Müller, F. (2016): Selbstständigkeit fördern und fordern. 5. Aufl. Weinheim

Nichols, M. (2018): Die Macht des Zuhörens. Wie man richtiges Zuhören lernt und Beziehungen stärkt. Kandern

Nöldeke, T. (2018): Inklusion. Ganz oder gar nicht. Göttingen

Panthöfer, S. (2018): Entspannung für Kopfmenschen. München

Peter, K. (2019): Coaching-Raum Natur. 2. Aufl. Darmstadt

Rattay, C. u. a. (2018): Unterrichtsstörungen souverän meistern. 5. Aufl. Hamburg

Reich, K. (2012): Konstruktivistische Didaktik. 5. Aufl. Weinheim

Rogers, C. R. (2018): Entwicklung der Persönlichkeit. 21. Aufl. Stuttgart

Rothland, M. (2012): Belastung und Beanspruchung im Lehrerberuf. Wiesbaden

Schaarschmidt, U. (2005): Halbtagsjobber? Psychische Gesundheit im Lehrerberuf. 2. Aufl. Weinheim

„SCHAU HIN! Was Dein Kind mit Medien macht.“ Online unter: https://www.schau-hin.info/informieren.html [20.09.2018]

Schlee, J. (2019): Kollegiale Beratung und Supervision für pädagogische Berufe: Hilfe zur Selbsthilfe. 4. Aufl. Stuttgart

Schneider, J. / Maitzen, C. (2017): Feedback-Kultur in der Schule. 2. Aufl. Hamburg

Schulz v. Thun, F. (2019): Miteinander reden. Bd. 1: Störungen und Klärungen. Allgemeine Psychologie der Kommunikation. Bd. 2: Stile, Werte und Persönlichkeitsentwicklung. Differentielle Psychologie der Kommunikation. Bd. 3: Das „Innere Team“ und situationsgerechte Kommunikation. Bd. 4: Fragen und Antworten. Reinbek

Seiwert, L. (2016): Das 1x1 des Zeitmanagements. 4. Aufl. München

Sewell, K. (2019): Manipulationstechniken. Das Psychologie Buch – Wie Sie erfolgreich die Körpersprache von Menschen lesen, sich vor Manipulation schützen und zum eigenen Vorteil andere manipulieren. Independently published

Strobel-Eisele, G. / Roth, G. (Hrsg.) (2013): Grenzen beim Erziehen. Nähe und Distanz in pädagogischen Beziehungen. Stuttgart

Syring, M. (2016): Classroom Management. Theorien, Befunde, Fälle – Hilfen für die Praxis. Göttingen

Terhart, E. / Bennewitz, H. / Rothland, M. (Hrsg.) (2014): Handbuch der Forschung zum Lehrerberuf. 2. überarb. Aufl. Münster

Thomschke, R. (2017): Beweglichkeitstraining. Friedland

Wagner, P. (2017): Handbuch Inklusion. Freiburg

Watzlawik, P. (2016): Man kann nicht nicht kommunizieren – Das Lesebuch. 2. Aufl. Bern

Watzlawik, P. / Beavin, J. / Jackson, D. (2016): Menschliche Kommunikation: Formen, Störungen, Paradoxien. 13. Aufl. Göttingen

Whitmore, J. (2017): Coaching for Performance. 5. Aufl. Boston

Winterhoff, M. / Tergast, C. (2009): Warum unsere Kinder Tyrannen werden. Oder: Die Abschaffung der Kindheit. München

Winterhoff, M. (2019): Deutschland verdummt. 8. Aufl. Gütersloh

Wohlleben, P. (2019): Besser als Wellness: Wie Waldbaden unseren Körper stärkt. In: Wohllebens Welt (01/2019) – Ein neuer Blick auf die Natur

Bildnachweis:

Folgende Bilder stammen von der Seite: https://pixabay.com/de/: Gerd Altmann (geralt/GerdAltmann/pixabay.com) (Buchcover, Seiten 1, 3, 5, 7, 9, 11, 14, 16, 18, 30, 39, 41, 45, 58, 65, 66, 68, 86, 118, 128, 132, 136, 142, 151, 158, 166, 172, 177

Folgendes Bild stammt von der Seite https://de.fotolia.com/: pathdoc (Seite 53)

Folgende Bilder stammen von der Seite https://stock.adobe.com/de/.shock (Seite 50)
arts (Seite 51)